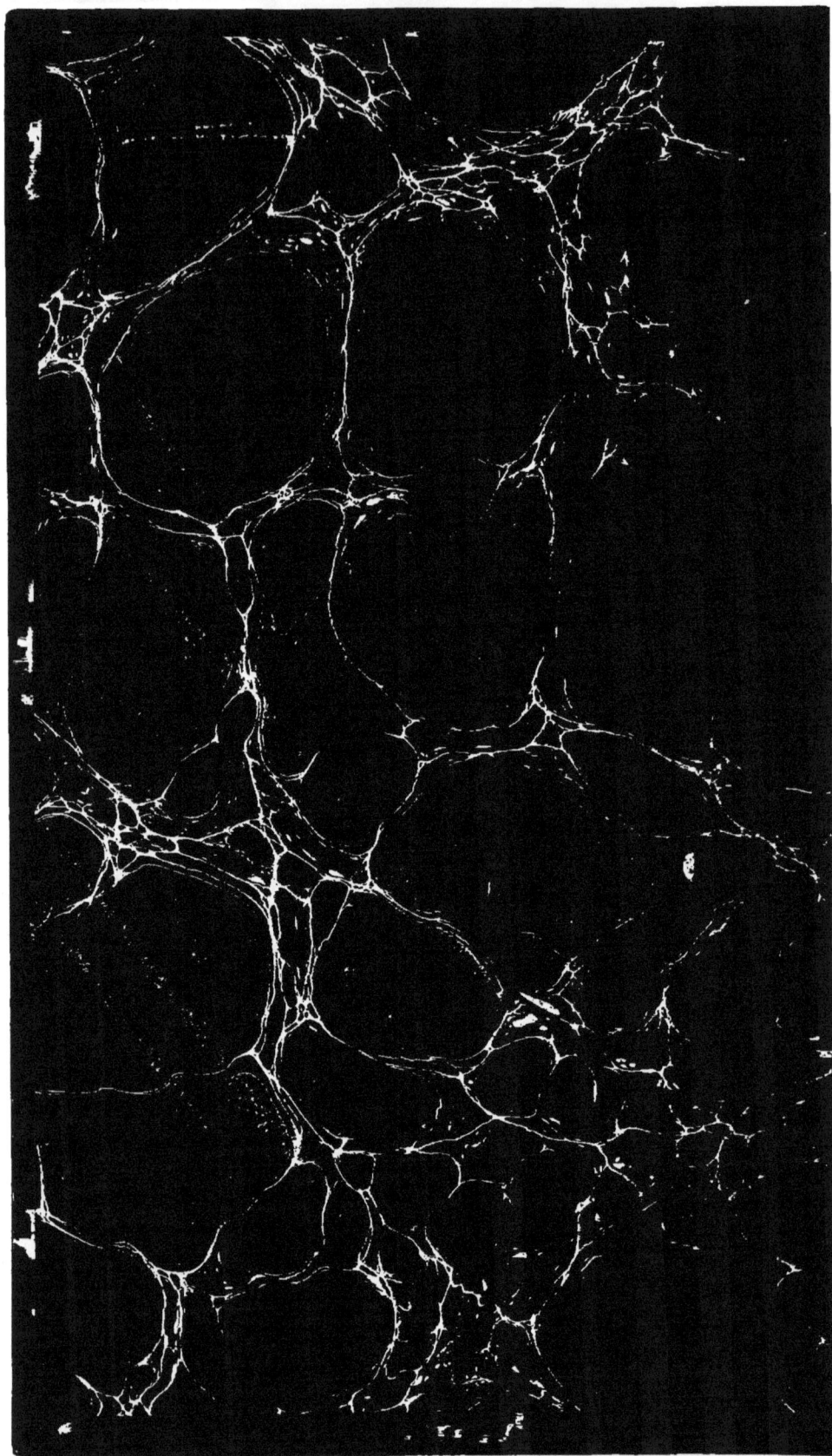

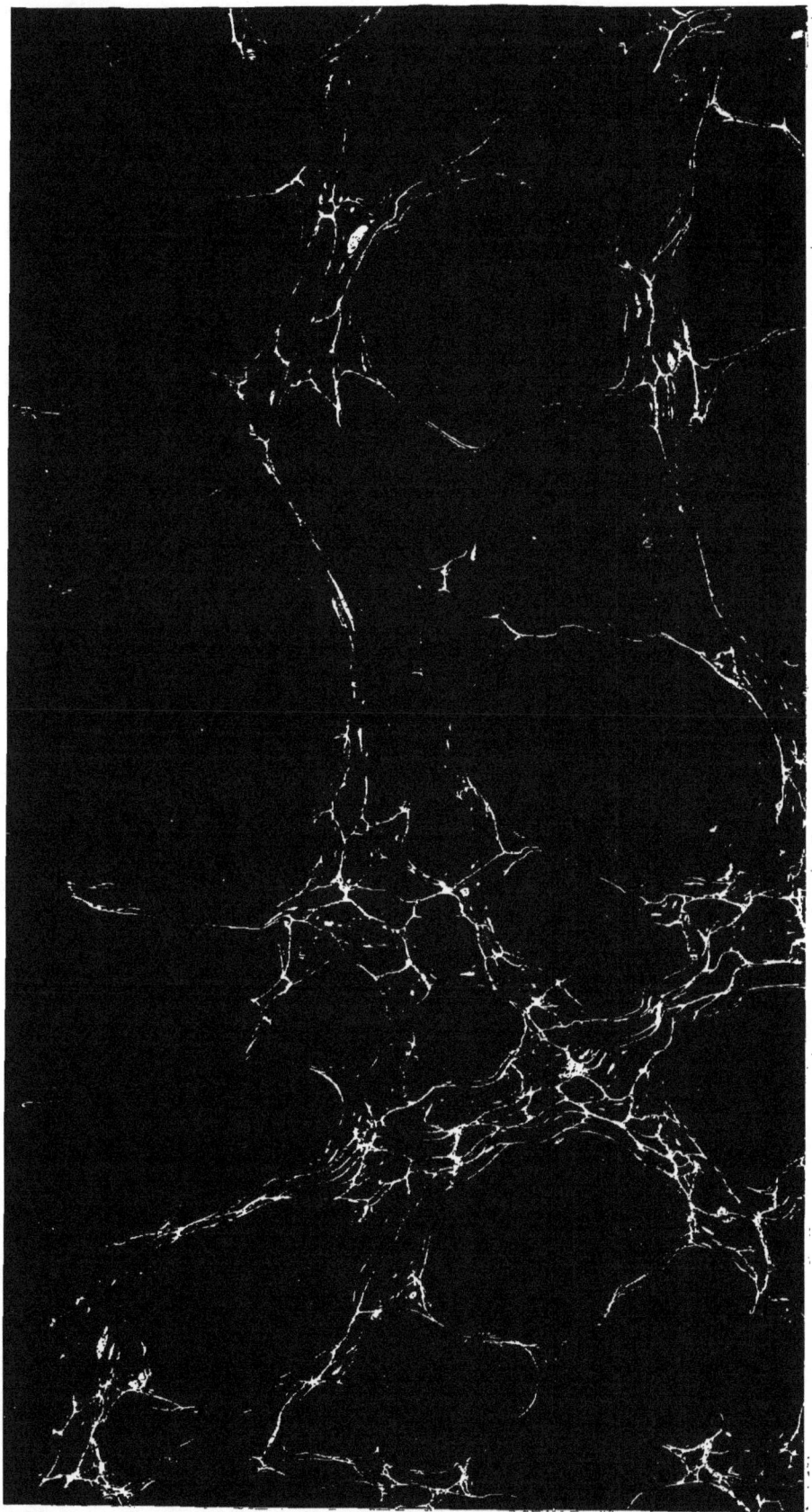

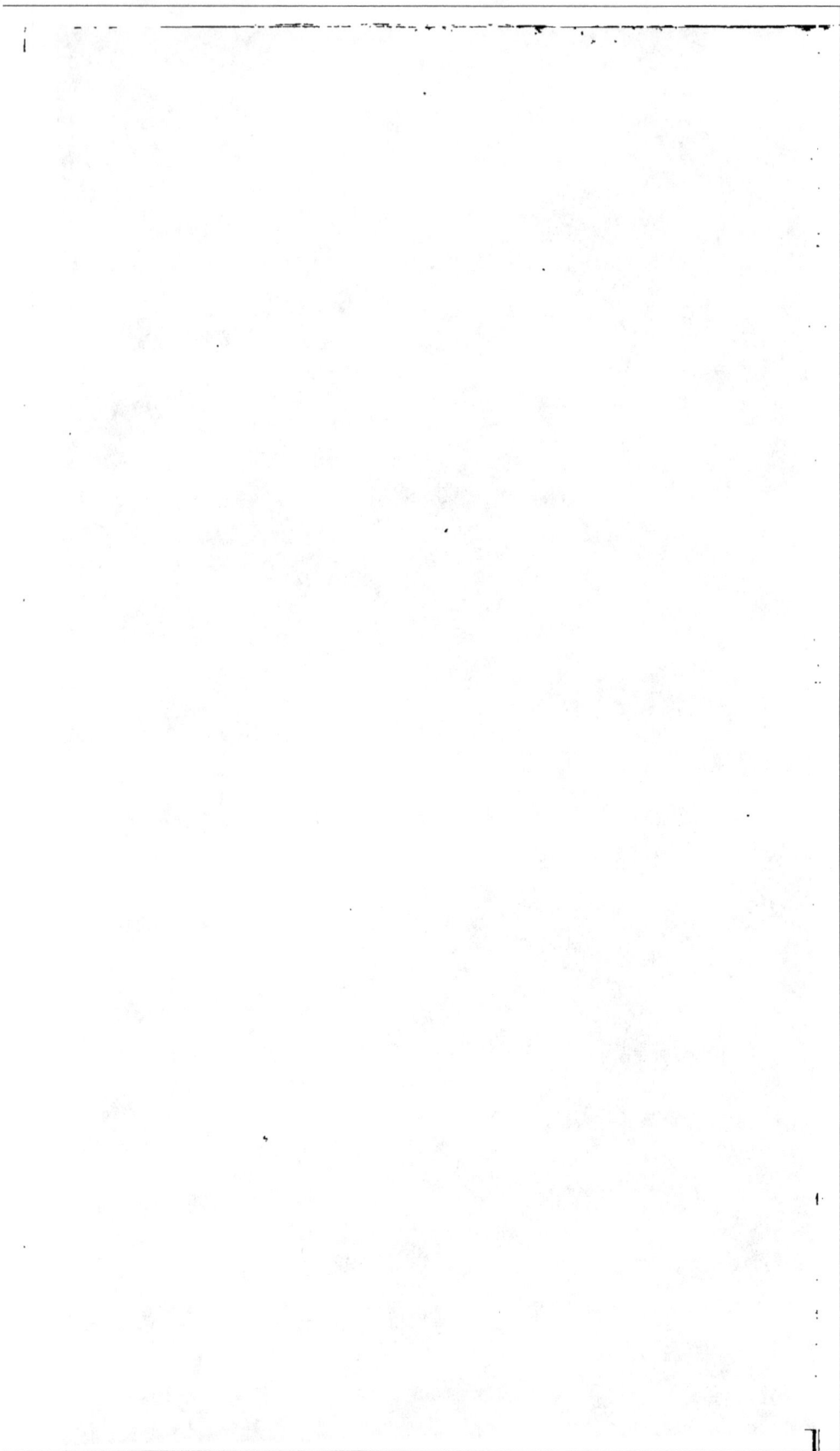

L K⁷ 238

LETTRES

SUR DIGNE.

Extrait des ANNALES DES BASSES-ALPES, 5ᵉ *Année 1842.*

DIGNE,

IMPRIMERIE DE REPOS, ÉDITEUR

—

1842.

LETTRES SUR DIGNE.

I.

Route d'Aix à Digne. — Vue de la ville — L'hospice des Orphelins. — Gassendi et Peyresc. — Église de Notre-Dame. — Le Cimetière. — Funérailles.

A Madame A. de S. S.

Digne, le 18 août 1841.

Madame, nous faisons ici notre première station avant d'escalader vos Alpes qui se dressent là devant nous. Nous avons suivi la vallée de la Durance jusqu'au joli village des Mées, et ensuite la vallée de la Bléone jusqu'à Digne. Il n'y a ni montagnes à traverser, ni précipices à craindre : la route suit la rivière presque toujours à travers de fraîches campagnes. Jules s'ennuyait de ce chemin si uni. Il disait que ce n'était pas la peine de venir dans les Alpes pour trouver des routes royales et des diligences comme partout. Pour moi, à cause, sans doute, de mes dix ans en sus, je supportais avec calme ce désagrément. Il me permettait d'ailleurs de philosopher à mon aise, et de rêver à des améliorations qui seraient capables, je vous jure, de changer la face de ce pays. Ce chemin que nous suivions, et les champs fertiles qu'il traverse, sont une conquête de l'homme sur une nature qui lutte sans cesse contre lui. Partout où il

1

a pu faire reculer la rivière de quelques pas, il a eu aussitôt des prairies et des arbres à fruits magnifiques. Je me demandais donc comment un pareil résultat n'avait pas, depuis long-temps, amené l'encaissement de ces deux cours d'eau, opération qui changerait en grasses vallées, de vastes espaces aujourd'hui couverts de sable et de cailloux.

Digne est une petite ville qui n'est pas jolie, mais qui a ce qu'on appelle de la physionomie. Il ne faut pas la regarder trop en détail, ni de trop près. On y trouve seulement, à distance, certains aspects qui plaisent. Ainsi, en se plaçant tout à fait en face du bassin dont elle occupe la hauteur, quand on la regarde, assise comme une bergère des Alpes qu'elle est, sur sa colline de Saint-Jérôme, ses pieds baignés par la rivière, avec son vert boulevard pour ceinture, et sa vieille cathédrale pour couronne, elle est ainsi vraiment pittoresque et agréable à voir. Le meilleur point de vue est à l'hospice des Orphelins, où on nous a menés. Le bassin s'élargit de ce côté. On a devant soi de belles prairies et une véritable forêt d'arbres. Ces arbres à l'heure qu'il est, sont couverts de pommes, de poires, et de ces excellentes prunes, qui forment le produit le plus renommé de la capitale bas-alpine. La ville occupe le fond du tableau ; elle s'élève en amphithéâtre, et on la prendrait pour le premier degré de tout un système de hautes montagnes qui s'échelonnent derrière elle, et dont les cimes superbes se montrent dans le lointain, couvertes d'une neige presque éternelle.

Indépendamment de ces rochers sourcilleux qu'on a devant soi, d'autres montagnes très-escarpées flanquent la ville de chaque côté et semblent l'oppresser. Elle s'échappe heureusement par la vallée de la Bléone. La rivière fait une large trouée dans les montagnes, et c'est par-là que Digne semble respirer. Du lieu où nous sommes, une de ces montagnes qui environnent la ville, celle qui nous montre à gauche son versant nord, est très-belle en ce moment. Les arbres qui la couvrent décrivent entre l'azur des cieux, qu'ils semblent toucher de leurs feuillages, et le vert tendre des prairies, une large et longue ligne, d'une nuance plus foncée, qui fait à la fois contraste et harmonie, et qui distingue en les unissant, les beautés de cette terre et de ce ciel. Ajoutez, s'il vous plaît, à toutes ces montagnes, celle qui est derrière nous, et qui suit la rive droite de la Bléone, vous trouverez alors que le vieux et brutal dicton qu'on attribue à César, pour mentir, j'aime à le croire, sur tout le reste, ne ment pas au moins sur la position de la ville, et qu'elle est vraiment comme il le dit: *inter quatuor montes posita.*

Si vous suivez mon conseil et notre exemple, et que vous veniez un jour voir Digne de la maison des Orphelins, vous ne sortirez pas de là sans visiter en détail cet établissement que vient d'élever la piété la plus active et la plus éclairée. Dans ce pauvre pays de montagnes, un homme a trouvé cent mille francs, dans les seules ressources de son zèle industrieux, pour élever tout-à-coup ce magnifique hospice aux plus oubliés de la fortune, à ces faibles et intéresssantes créatures, qui n'ont plus d'asile, et à qui tout manque, même le sein d'une mère pour reposer leur tête. Puis, quand sa maison a été bâtie, voilà que la Providence a fait encore plus visiblement le reste; elle a conduit, du fond de la Pologne au fond des Alpes, une famille chrétienne qui vient d'adopter les petits orphelins de la montagne, et qui va consacrer généreusement sa vie et les débris de sa fortune à leur éducation.

On a bientôt tout vu à Digne, et si par hasard on faisait un voyage dans les Alpes pour admirer au fond, autre chose que des montagnes et de beaux précipices, on serait, je l'imagine, bien attrappé. Il faut pourtant que je vous raconte une course archéologique que nous avons faite hier au soir, et qui n'a pas été pour nous sans intérêt.

Vous connaissez la passion de Jules pour les vieux monuments, pour ceux surtout qui appartiennent à l'architecture religieuse. On ne l'entend jamais parler que plein-cintre et ogive; c'est un moyen-âge pur sang, un admirateur exclusif du gothique. Jugez de sa joie quand on lui a annoncé qu'il y avait ici, à une petite distance de la ville, une grande et belle église, dont la construction remonte à une époque fort reculée. Il ne voulut pas ajourner la visite de ce monument, et il était d'autant plus empressé que, le matin, à notre arrivée, il s'était hâté d'aller voir la cathédrale de Digne; il n'avait trouvé, hélas! qu'une lourde masse de pierres, sans air, sans majesté, sans harmonie, sans unité; une église qui n'était d'aucun style, d'aucune époque, et pour tout dire en un mot, qui est l'expression dernière de la colère archéologique de Jules, une église sans caractère.

Nous allâmes donc, sans délai a Notre-Dame, c'est ainsi qu'on appelle le vieux monument; et nous y allâmes accompagnés d'un ancien ami de collége que nous avons retrouvé à Digne, et qui nous a fait les honneurs de sa ville natale, avec cet empressement plein de chaleur que les provençaux savent mettre dans leur amitié. Il avait autant de hâte que nous pour cette course, et je suppose que son amour-propre, un peu blessé secrétement des exclamations que la colère artistique de Jules ne lui avait pas permis de contenir le matin, lui faisait, sans qu'il s'en doutât, rechercher la compensation qu'il avait droit d'attendre de notre admiration, à la visite du soir. Au reste sa présence nous devait être non-seulement agréable, mais encore très-utile, car il avait lui-même des connaissances archéologiques fort étendues, et il savait surtout à fond tout ce qui concerne son pays.

Pour aller à Notre-Dame, on suit un boulevard qui porte le nom illustre de Gassendi. Ce qui m'étonne, c'est que ce nom, qui n'est prononcé ailleurs que dans les hautes régions philosophiques, soit resté populaire ici. Le premier venu vous y racontera l'histoire du berger de Champtercier, porté par son génie du fond de son village dans une des premières chaires de Paris, et devenu le rival de Descartes et l'ami de tous les hommes illustres de son temps. Gassendi fut professeur a Aix, avant de l'être à Paris; il fut l'ami, l'admirateur et l'historien de votre Peyresc. Dites-moi, je vous prie, pourquoi celui-ci est presque oublié dans votre ville, tandis que la mémoire du philosophe des Alpes est encore toute vivante dans la sienne? Nous avons trouvé à Aix le nom du grand Peyresc à demi-effacé, sur un écriteau de rue; nous avons trouvé son buste dans un coin de votre bibliothèque publique; mais à part quelques hommes qui se vouent dans le sanctuaire de l'étude au culte du passé, nul ne se souvient plus de lui dans la cité Aqui-Sextaine, dont il est cependant une des plus grandes illustrations. Tandis qu'à Digne, c'est le peuple qui est resté fidèle au souvenir de Gassendi; ce sont des monuments populaires, un boulevard, une fontaine qui le perpétuent. La raison de cette différence ne se trouverait-elle pas dans cette humble origine du pâtre de Champtercier, qui a rendu son élévation à la fois plus étonnante et plus chère au peuple? De pareils hommes sont pour lui des ancêtres dont il est justement fier, et dont il garde avec joie la mémoire.

Quoi qu'il en soit de mon explication, je veux au moins que vous sachiez, Madame, qu'en vous parlant de Gassendi, je ne suis pas seulement sur le chemin de Notre-Dame, mais dans les entrailles même du sujet; car le philosophe fut Prévôt du Chapitre de Digne, et l'église où il siégea fut celle précisément de Notre-Dame, que nous allons visiter.

La vieille cathédrale est au fond de cette vallée étroite que nous suivrons demain pour aller de Digne à Barcelonnette. Elle était autrefois unie à la ville, qui était alors plus considérable qu'aujourd'hui, et qui s'étendait tout autour de l'édifice, mais particulièrement du côté de la montagne de Saint-Vincent, au pied de laquelle les maisons s'abritaient. On n'en voit plus aucune trace aujourd'hui : les ruines mêmes ont péri, l'église seule est restée debout. On aperçoit seulement à quelques minutes du monument, et à un endroit où la vallée est très-étroite, les restes d'une épaisse muraille qui défendait la ville du côté du Piémont, et qui devait facilement la rendre par là inabordable. Mais nulle muraille n'est assez forte contre les fléaux qui tombent du ciel. Aussi un jour la peste vint s'abattre sur la ville infortunée ; des dix mille habitants qu'elle comptait, plus de sept mille périrent, les autres allèrent sur une colline voisine respirer un air plus pur ; ils y fondèrent la ville nouvelle, d'où ils ne descendirent plus dans la vallée de Notre-Dame que pour mêler leurs ossements aux ossements de leurs pères (1). Le cimetière environne donc l'église, et son voisinage rend encore plus triste l'aspect du monument, dont l'extérieur n'a rien de bien remarquable.

Pour en faire le tour nous avons foulé les hautes herbes des sépulcres et la poussière des morts. Dieu ! comme ils doivent être à l'étroit, couchés sur cette petite bande de terrain qu'on leur a assignée pour dernière demeure ! Dans ce pays de montagnes et de torrents, ce qui manque surtout, c'est la terre ; il n'y en a assez ni pour vivre, ni pour mourir. Notre ami, qui avait deviné sans doute une partie

(1) Il paraît que la ville ancienne s'étendait jusques à la colline de St.-Jérôme qu'elle couvre maintenant. Voyez *Gassendi*, *Notitia Ecclesiæ Diniensis*.

des pénibles réflexions qui m'occupaient, me montra au pied de la montagne voisine, de l'autre côté du torrent, un vaste champ environné de murailles blanches. Ce sera bientôt le nouveau cimetière, s'il plaît à Dieu, me dit-il, et aussi au peuple de Digne, qui a jusqu'ici montré une grande répugnance à abandonner la vieille terre où dorment ses pères. Qu'on fasse sans délai cette translation, que les plus hautes convenances exigent, et qui est plus nécessaire que je ne saurais le dire ici. On pourrait alors placer sur la porte de la nouvelle demeure cette inscription que le Palmiste semble avoir faite exprès pour elle : *Torrentem pertransivit anima nostra..... aquam intolerabilem.* Ce serait vous offenser, Madame, que de traduire ce passage; aussi je m'en garderais bien, et je me hâte un peu tard, peut-être, d'arriver à la description de notre église.

Le monument n'a donc rien de beau à l'extérieur. Il est couvert avec ces tuiles rougeâtres, qui produisent dans tous vos édifices du Midi un si mauvais effet. Pour comble de malheur, cette toiture de Notre-Dame, ayant été refaite à une époque qui est déjà reculée, on a changé la disposition des lignes et diminué leur inclinaison primitive. On a eu, ainsi, un toit presque plat, au lieu du couvert à pentes rapides, et formant de la cime à sa base un triangle assez aigu, qui devait donner un aspect bien plus gracieux à l'ensemble de l'édifice. Il serait facile de lui rendre sa première forme dans une restauration nouvelle; car on aperçoit sur toute la ligne du monument, la muraille qu'on a surajoutée, dans le dessein barbare d'exhausser les ailes du couvert.

Avant d'entrer dans l'église, il est bon, Madame, que je vous fasse remarquer une espèce de tour quadrangulaire qui est adossée à l'édifice du côté de la voie publique. Si jamais vous venez visiter Notre-Dame, il pourrait fort bien vous arriver, comme il a failli m'arriver à moi-même, de ne pas attacher à cette partie du bâtiment toute l'importance qu'elle a; il faut donc que vous sachiez qu'aux yeux de mes jeunes compagnons, c'est-à-dire, de l'archéologie en personne, c'est ici le morceau le plus curieux du vieil édifice. Jules a reconnu dans la construction de la tour, *qui servait de clocher*, le petit appareil romain: ce qui ferait remonter l'époque de cette construction bien avant le temps où les cloches furent généralement en usage; et notre ami de Digne nous faisait admirer ses proportions harmonieuses, ses fenêtres cintrées, et surtout de petites colonnes latérales, d'un style assez pur. Il a donc été décidé que la tour était antérieure au reste de l'édifice, et probablement un vestige d'une église plus ancienne que l'église actuelle. Notre ami dit que c'est du roman primitif très-pur, et Jules assurerait volontiers que c'est du romain véritable. Vous en croirez, Madame, ce qu'il vous plaira, après quoi vous voudrez bien pénétrer avec nous dans l'intérieur de l'église, non sans jeter toutefois en passant un coup-d'œil sur la façade.

Il n'y a qu'un portail, car l'église est à une seule nef. Il est légèrement ogival et orné de colonnettes élégantes. Deux lions grossièrement sculptés semblent garder l'entrée du lieu saint, ils sont accroupis et soutenaient sur leur dos deux colonnes qui portaient, peut-être, une petite balustrade qui paraît avoir régné au-dessus du portail. A la place de cet ornement, on voit aujourd'hui une ignoble mosaïque, en carreaux vernissés, semblables à ceux qui embellissent vos colombiers. Il est vrai que les eaux pluviales glissent dessus et ne filtrent plus ainsi dans l'intérieur du portail. L'intention a donc été bonne ici, si le procédé ne l'a pas été. Mais il m'a été impossible de faire entendre cela à Jules, qui, semblable à ceux de son âge, met trop souvent la forme avant le fond.

Au-dessus du portail, il y a une très grande et très-belle rosace, encore toute garnie de ses vitraux. Elle forme comme l'œil du monument; elle lui donne seule une physionomie distinguée et caractéristique. C'est dommage qu'on se soit imaginé de creuser plus tard de chaque côté, deux petites niches en mauvais style ogival, Ces niches ; qui devaient chacune contenir une statuette, sont maintenant vides, et il faudrait qu'on les fît disparaître.

En pénétrant dans l'église nous avons été frappés d'un certain air de majesté et de grandeur, auquel nous ne nous attendions pas. Il semblait à peine que ce pût être le même édifice dont nous venions de faire le tour. Les dimensions avaient changé. L'édifice paraissait plus long, sa voûte s'était tout-à-coup exhaussée, Cet effet était dû, je crois, à la noble simplicité de l'architecture, et à une heureuse distribution de la lumière. L'église est principalement éclairée dans le bas par la rosace, et dans le sanctuaire par trois fenêtres. Au moment de notre visite, le soleil couchant était sur l'horison, en face de la rosace, et il inondait la nef de ses rayons,

L'église forme une croix latine. Notre ami, qui l'avait mesurée avec soin, nous dit ses dimensions. Elle a dans œuvre 50 mètres 50 centimètres de longueur; 8 mètres 50 centimètres de largeur, et actuellement 17 mètres de hauteur. Le sol primitif était à environ 2 mètres plus bas que le pavé que nous foulions. En redonnant à l'église son ancienne élévation, on augmenterait beaucoup l'effet que produit la vue intérieure du monument.

La nef est formée par quatre travées. Les arcs des travées, ainsi que ceux de la voûte, sont rompus au sommet. Ils marquent l'origine première de l'ogive. La date de l'église remonte donc à cette époque de transition qui sépare l'architecture romane de l'architecture ogivale. c'est-à-dire, au commencement du 12ᵉ siècle. Ce n'est pas à dire que toutes les parties de l'édifice aient la même ancienneté; ainsi la façade, si l'on en juge par sa belle rosace, paraît être postérieure; mais l'on peut, sans craindre de se tromper beaucoup, assigner cet âge à la donnée primitive du monument et à son ensemble. Le monument tout entier appartient à cette variété de l'architecture romane, qu'on appelle quelquefois style bysantin. Les éléments qui constituent ce style se montrent dans les colonnes et dans les fenêtres, dont quelques-unes sont ornées de trilobes.

Je vous demande pardon, Madame, de tous ces détails et de ces termes techniques. Mais pour tout ceci, j'écris sous la dictée de Jules, qui ne nous fera grâce de rien, et le temps me manque pour vous traduire en français ce savant et barbare verbiage.

On trouve encore dans la nef des peintures murales qui sont grossières, mais assez curieuses. Il y en a de deux époques différentes, mais rapprochées. Notre ami pense qu'elles sont du 15ᵉ et du 16ᵉ siècle. Ces peintures furent sans doute l'œuvre de ces artistes voyageurs que de temps immémorial l'Italie, et surtout la Lombardie, nous envoie. Sur le mur qui est à droite en entrant, le peintre a représenté une faible image de cette grande poésie Dantesque, née et restée populaire. C'est une divine comédie en petit: des scènes de l'enfer, avec des rois et même des papes pour acteurs et pour victimes; de pauvres âmes qui sortent à peine du purgatoire, qui sont encore toutes nues et souffrantes, et qui gravissent péniblement le Ciel; enfin dans l'empirée le Christ, la tête environnée du nimbe glorieux, et tout autour de lui la Cour céleste. Il y a des détails qui sont pleins de verve, et même de cette verve un peu trop satyrique et brutale qui nous effraie à présent, innocents que nous sommes. Aussi un balai scrupuleux a-t-il effacé une partie de ces peintures, et une autre partie se trouve encore couverte par un autel et un méchant tableau des âmes du purgatoire qu'on a placé là tout exprès.

Sur l'autre mur nous avons distingué une scène du calvaire; puis, chose curieuse, une Annonciation où le peintre semble avoir voulu copier le beau triptique qu'on nous montra à Aix, dans la sacristie de la Magdeleine. La pose de la vierge est absolument la même, il y a entre elle et l'ange un pupitre historié comme chez vous.

Nous voici à l'extrémité de la nef, proche de l'autel. Nous remarquons que ni le sanctuaire, ni le fond du transept, ne se terminent en abside. Toutes les grandes lignes de cette architecture sont droites, sévères; la coupe de l'édifice est carrée. Les colonnes qui ornent les deux arceaux du transept ont des chapiteaux d'un style très-simple et très-pur. Elles sont malheureusement brisées à la base et à l'extrémité du fût. Mais il serait facile de les réparer, car dans la nef on trouve plusieurs colonnes qui ont cette partie intacte. Il y a sous le sanctuaire une crypte qu'on ne peut plus visiter; le passage qui y mène est obstrué et la porte est condamnée.

Voilà, Madame, une description telle quelle de l'église de Notre-Dame de Digne. C'est, au fond, sous le rapport de l'art, une des plus intéressantes du Midi. Nous avons appris de notre ami, avec une vive satisfaction, qu'elle venait d'être classée parmi les monuments historiques, ce qui assure sa conservation, et permet d'espérer une restauration intelligente, à laquelle on va, dit-on, travailler.

Assis au fond du sanctuaire de la vieille cathédrale, nous nous reposions un instant. Le jour était à peine tombé. Les lueurs du crépuscule qui arrivaient par le portail et la rosace, luttaient faiblement avec les épaisses ténèbres qui descendaient comme un voile du haut de la voûte. Les pensées et les propos d'art avaient fait place à de plus graves pensées et à un silence religieux. Tout-à-coup, sur la porte d'entrée, une voix retentit : c'était celle d'un prêtre qui présidait à des funérailles. Le convoi pénétra dans l'église pour faire les prières des obsèques. De petits enfants composaient tout le cortège. Ils portaient chacun un cierge dont la pâle flamme ne dissipait de ténèbres qu'autant qu'il en fallait pour que leurs frais visages fussent éclairés : ils vinrent tous s'agenouiller sur les marches du sanctuaire. Ils ne ressemblaient point aux anges de la mort. On aurait dit plutôt une troupe d'esprits célestes, envoyés d'en haut pour venir retirer de la terre quelque jeune frère exilé. C'était, en effet, presque cela : c'était les obsèques d'un enfant. Le petit ange semblait dormir sous sa couronne de fleurs. Il n'y avait là ni pleurs, ni deuil, ni paroles lugubres. Le prêtre était révétu d'une étole blanche, et il chantait un cantique d'actions de grâces. Et cependant nos cœurs étaient tristes devant ce cercueil inconnu. La religion et la raison avaient beau nous crier que la mort était un gain pour ce petit enfant qui s'envolait ainsi au Ciel, en franchisssant toutes les peines de la vie : la nature résistait ; nous songions aussi à la pauvre mère dont les entrailles venaient d'être déchirées, et nous ressentions au fond des nôtres quelque chose de sa douleur. Nous sortîmes de l'église avec le convoi, et laissant le prêtre achever, nous traversâmes rapidement le cimetière et nous gagnâmes la ville.

Je suis fâché, Madame, de finir ma lettre par ces mélancoliques images. Je ne suis qu'un pauvre historien qui ne sait rien inventer. Nous partons demain pour les hautes vallées. On nous promet des montagnes couvertes de gazon et émaillées de fleurs ; des lacs suisses, des précipices superbes, et la chasse au chamois. Si nous ne roulons pas dans quelque abime, vous aurez de nos nouvelles. Mais cette fois je céderai la plume à mon jeune et joyeux compagnon.

II.

Un vrai savant. -- La vallée des Bains. -- Napoléon. -- Une soirée à l'Évêché. -- La poésie intime, -- Les anciens et les modernes. -- Lucain. -- Le patriarchat. -- Les socialistes. -- Les lanternes. -- Le Concert alpestre. -- Il n'y a plus de Pyrénées.

Digne, le 19 août 1841.

MADAME,

Qui m'aurait dit que j'aurais encore à vous écrire de ce pays-ci? Il me semblait que ma lettre d'hier devait suffire. Quand nous fimes, en vous quittant, la promesse de vous raconter en détail notre odyssée alpestre, vous aviez la bonté de ne redouter que notre paresse; peut-être à l'heure qu'il est notre exactitude vous effraie bien davantage. Je me rassure un peu toutefois, en songeant qu'après vingt-quatre heures vous devez avoir à peu près oublié mon long verbiage d'hier; celui d'aujourdhui est uniquement pour l'acquit de ma conscience de voyageur. Je me regarde comme obligé à compléter ce que je vous ai déjà écrit sur Digne. Je n'en avais vu tout d'abord qu'un côté : j'ai maintenant vu l'autre; je m'étais arrêté à la superficie des choses : ma bonne fortune m'a fait aller plus avant; et comme j'ai pu, par ci par là, croquer à la volée quelques traits bas-alpins assez originaux, et recueillir quelques détails quasi-historiques qui m'ont paru intéressants, je ne veux pas garder tout cela pour moi seul, et je viens partager généreusement avec vous.

La vérité est, Madame, que nos malles sont faites, qu'il me reste deux mortelles heures avant le départ, et que ce serait un temps d'horrible ennui pour moi, s'il ne m'était

permis de les passer avec vous, en essayant de vous raconter le plus rapidement et le plus agréablement qu'il me sera
possible , notre matinée d'aujourd'hui et notre soirée d'hier.
Comme l'essentiel, à mon sens, c'est la soirée, je veux finir
par là, et, prenant à rebours l'ordre chronologique des évènements, je vais d'abord vous dire, si vous le trouvez bon ,
ce que nous avons fait et vu ce matin.

Nous avions des lettres qu'un savant, non en *Us*, mais en
Oc, de Toulouse, nous avait remises pour M. le docteur Honnorat de Digne. Nous n'avions plus songé à faire usage de
ces lettres, dès que nous avions trouvé ici ce jeune camarade
dont je vous ai parlé, et qui était pour nous le meilleur et
le plus aimable cicerone. Mais il est arrivé que comme ce
M. Honnorat, ou du moins son cabinet d'histoire naturelle,
est une des principales curiosités de l'endroit, notre ami a
voulu nous y mener. Nous avons donc été ce matin lui porter
nos lettres, et je vous assure que nous n'en avons pas été
fâchés. Nous avons trouvé, sous un extérieur modeste, et une
enveloppe tant soit peu raboteuse, un homme fort distingué,
un vrai savant, sur ma parole. Son érudition pour tout ce
qui regarde la Provence, sa langue, son histoire, les pro-
duits de son sol, est vraiment étonnante. Quelle patience il
a fallu à cet homme, et quel amour pur de la science, pour
tracer paisiblement son sillon, l'espace de quarante ans ,
au fond de sa vallée, sans jamais regarder ni à droite ni a
gauche! Son cabinet serait riche partout. Il mérite d'être
visité par tous ceux que le goût des sciences naturelles ou
historiques amène dans ces montagnes. Il possède un her-
bier provençal très-complet et admirablement tenu. On
croirait voir des plantes fraîches et vivantes. Sa collection
d'insectes est fort belle, et nous avons vu aussi chez lui une
collection de fossiles des Alpes , à quelques-uns desquels la
science a donné le nom du laborieux docteur.

Nous avons trouvé M. Honnorat occupé à mettre la dernière main à un dictionnaire de la langue d'oc : immense compilation qui renfermera plus de quatre-vingt mille articles, et qui suppose dans son auteur non-seulement la connaissance de tous les dialectes du Midi, mais encore celle de toutes les langues néolatines. Cette œuvre, si elle peut être menée à bonne fin, fera le plus grand honneur à celui qui a eu le courage de l'entreprendre. Ce sera aussi pour Digne un monument glorieux ; mais au reste ce ne sera pas le seul de ce genre que la ville de Gassendi pourra montrer avec fierté. Il faut que vous sachiez, Madame, qu'il y a ici un véritable mouvement scientifique et littéraire, imprimé et entretenu par deux ou trois hommes remarquables qui ne seraient déplacés nulle part. Parmi eux je veux citer au moins M. l'abbé Bondil que nous avons rencontré chez M. Honnorat. M. l'abbé Bondil est un orientaliste du premier ordre, et ses travaux sur la langue hébraïque sont très-connus dans le monde savant. Mais je reviendrai là-dessus, si je le puis, j'ai tout un chapitre de littérature bas-alpine que je vous garde là en réserve, et ce n'est pas le moins curieux de mon voyage, je désire seulement le mettre à sa place, et l'intercaler, si c'est possible, dans mon épître, un peu convenablement. Pour le moment permettez-moi de vous conduire, Madame, sans autre transition, aux eaux thermales de Digne, où nous sommes allés en quittant le cabinet de M. Honnorat.

On suit, à l'est de la ville, une vallée très-étroite qui vient déboucher dans celle de la Bléone. Au fond de cette vallée est une petite rivière qu'alimentent en partie les eaux chaudes des Bains. La ville est bâtie au confluent des deux rivières, et chaque jour elle descend de la colline et elle fait un pas pour se rapprocher de leurs bords. C'est du côté de la vallée des Bains que se trouvent les principaux édifices départementaux. La Préfecture, le Tribunal, etc. Ils forment une rue nouvelle qu'on pourrait appeler la voie sacrée de la capitale bas-alpine. Cette rue n'est pas finie, elle s'en va à travers champs, attendant les édifices futurs, et quand on est déjà depuis quelque temps sorti de la ville, on est tout étonné de trouver en pleine campagne son nom encadré sur le mur d'une de ces pauvres masures fiscales que le plus grand seigneur de notre époque, le Budget, ne dédaigne pas d'habiter.

Nous voilà donc, Madame, grâce à Dieu, sortis de la ville; mais non, s'il vous plaît, car je ne vous ai pas dit un mot d'une grande maison que nous venons de dépasser, et qui cependant mérite une mention dans une lettre qui va bientôt ressembler, si je n'y prends garde, à un procès-verbal dressé par quelque commis du recensement Humann.

La maison que je veux vous signaler, Madame, c'est l'établissement des Religieuses Ursulines, fondé pour l'éducation des jeunes personnes, et qui, dit-on, s'acquitte admirablement de ce soin si important. La communauté compte un grand nombre d'élèves et un grand nombre de dames vouées à l'enseignement. J'ai remarqué que ce pays-ci offrait de grandes ressources sous ce rapport. On trouve ordinairement chez les hommes et chez les femmes beaucoup d'aptitude pour recevoir et pour donner l'instruction. Les montagnards ont, en général, l'esprit aigu et ils sont doués de patience ; les longs hivers, pendant lesquels, à cause de la neige, les travaux de la campagne se trouvent forcément suspendus, sont favorables à l'étude. On m'a raconté qu'autrefois on voyait descendre de la montagne des troupes d'instituteurs ambulants qui s'en venaient tenir des écoles dans la plaine, durant la rude saison, pour retourner ensuite à leur charrue ou à leurs moutons, quand la fonte des neiges arrivait. Ils portaient tous pour enseigne une plume à leur chapeau. Aujourd'hui nos lois sur l'instruction primaire ne permettent plus cette espèce de colportage, mais les Alpes continuent à fournir un grand nombre de maîtres et de maîtresses d'école. Sans compter les écoles normales où le gouvernement les reçoit pour les former et qui vont très-bien, à ce qu'on assure, dans les Hautes et les Basses-Alpes, j'ai vu à Digne, tout à côté de la veille Église de Notre-Dame dont je vous parlais hier, un Noviciat d'institutrices qui est fort nombreux, et qui renferme, m'a-t-on dit, des sujets d'élite. Ces saintes filles sont envoyées dans les paroisses où elles font le plus grand bien ; elles vont une à une, et le plus modeste traitement suffit pour les y entretenir. Quel beau et utile dévouement ! Les Basses-Alpes où il y a tant de petites communes, ne peuvent recevoir que de cette manière, le bienfait de l'instruction. Que voulez-vous que fasse un maître d'école qui est père de famille, ou qui veut le devenir, dans un pays de deux ou trois cents âmes ? Or, il y a dans ces montagnes une infinité de petites communes qui n'ont pas une population plus élevée. C'est donc à la charité et au dévouement qu'il faut demander l'instruction de ces pauvres contrées. On le comprend très-bien dans ce pays-ci. Aussi, indépendamment de cet établissement d'institutrices, l'autorité ecclésiastique avait voulu en former un autre de frères, pour les petites écoles. De grands sacrifices avaient été faits et la maison était en train de prospérer, lorsque je ne sais par quel funeste mal-entendu avec l'autorité universitaire, elle a été violemment fermée, et les frères sommés de se disperser. Pour peu qu'on ait dans le cœur le désir et l'amour du bien, on a de la peine à contenir son indignation, quand on entend parler de toutes les difficultés que rencontrent presque toujours ceux qui veulent l'opérer. C'est à décourager les dévouements les plus intrépides.

2

Heureusement l'Église est douée d'une patience à toute épreuve. Ici l'autorité ecclésiastique s'est mise tranquillement, comme si de rien n'était, à réunir les débris de son établissement ruiné. Loin d'éclater contre le gouvernement qui, sans le vouloir sans doute, et sans le savoir, ordonnait une mesure désastreuse, elle s'est appliquée à l'éclairer et elle y est parvenue. On assure qu'enfin l'autorisation d'ouvrir de nouveau l'établissement des frères va être donnée en bonne et due forme.

Pour cette fois, Madame, nous voilà bien, sans que rien nous arrête, sur la route des Bains. Cette route est des plus pittoresques. La vallée est très-étroite, et il n'y a souvent place que pour le chemin et le torrent. A droite et à gauche s'élèvent deux hautes montagnes très-escarpées. Celle de droite est boisée sur son versant-nord. Il y a des gorges cultivées et de petites maisons de campagne qui doivent être de fraîches habitations d'été. La vigne grimpe sur les échalas et va chercher quelques rapides rayons de soleil. Le noyer robuste croît partout, au pied et sur les pentes abruptes des montagnes, où il semble braver les frimats et les orages. Les deux principales de ces montagnes vont se rattacher à une haute chaîne qui est au fond et qui barre complètement la vallée. Celle-ci, à une petite distance de Digne, est partagée en deux par une troisième montagne, qui s'élève entre les deux autres, et qui, par sa forme, ressemble à une immense quille de navire amarrée aux rochers du fond. C'est sur les flancs mêmes de ce vaisseau gigantesque qu'a été taillé l'étroit chemin qui mène à l'établissement thermal. On passe le torrent sur un pont de bois très-étroit et très-peu solide, et qui rappelle celui de la Fable :

Un ruisseau se présente, et pour pont une planche ;
Deux Belettes à peine auraient passé de front
Sur ce pont :

Avec un peu de bonheur, mais non toutefois sans craindre le sort funeste des *deux aventurières* dont parle le fabuliste, on arrive en terre ferme, sur une voie creusée dans le roc. On la suit pendant environ un quart d'heure, après quoi on a atteint le fond de la vallée, où se trouve l'établissement des Bains.

La maison est bâtie au pied même d'un rocher très-élevé et qui surplombe d'une manière effrayante. Les bâtiments s'abritent sous cette cime chenue dont la chûte les écraserait. Mais le roc, quels que soient les feux souterrains qui le travaillent, est, depuis des siècles, immobile. Sur ses flancs décharnés rien ne croît, si ce n'est çà et là quelques tiges rabougries de figuier sauvage; rien ne vit, si ce n'est de hideux serpents, que les tièdes vapeurs des eaux attirent, en assez grand nombre, et qui souvent tombent engourdis aux pieds des baigneurs.

C'est de dessous le rocher même que sortent les sources Thermales. Ici la nature a presque tout fait. On peut prendre des bains dans des creux qui se trouvent taillés dans la montagne. Nous avons visité toutes les sources. Chacune d'elles a un degré différent de chaleur. Notre guide nous fit remarquer, à côté d'un bain, dont l'eau a 36 degrés Réaumur, une source froide. A mesure qu'on pénètre dans les grottes qui ressemblent à des soupiraux de l'enfer, on est aussitôt inondé de sueur, et l'on conçoit parfaitement l'efficacité d'un pareil remède dans certaines maladies. Il paraît que c'est surtout contre les suites des blessures qu'elles sont employées avec succès. On raconte des cures merveilleuses; et l'on voit dans la chapelle, étalées comme de glorieux trophées pour l'établissement, un grand nombre de béquilles qui, devenues inutiles, ont été suspendues là en guise d'*ex voto*.

La maison n'est pas très-vaste et elle serait susceptible

de grandes améliorations. Une très-belle et très-solide digue qui sert de route, la garantit contre les eaux du torrent, quelquefois très-impétueuses et très-gonflées par les orages. Cette digue est une œuvre d'art remarquable, et, sous un autre rapport, le plus bel échantillon de route que nous ayons vu dans les Basses-Alpes. Elle rappelle un nom qui vous est cher, Madame, et qui a laissé à Digne d'honorables souvenirs

L'établissement appartient à M. Gravier, député des Basses-Alpes, qui jouit dans toutes ces contrées, d'une popularité justement acquise par de nombreux services rendus à son pays, et par un caractère très-honorable et très-bienveillant. M. Gravier possède aussi à Gréoulx un magnifique établissement Thermal qui est l'objet de sa juste prédilection.

Un moment on avait espéré que nos braves blessés d'Afrique seraient envoyés aux eaux de Digne pour leur guérison. Cela vaudrait bien mieux, sous tous les rapports, que d'aller chercher en Corse des eaux qui, dit-on, sont pour eux d'une efficacité fort équivoque. On éviterait au moins pour les malades, un second voyage en mer qui les fatigue et les contrarie toujours beaucoup. Dans une journée, ils pourraient arriver en diligence de Marseille à Digne, où ils retrouveraient promptement la santé. Tout cela serait très-simple, très-facile, et très-salutaire. Eh bien, il paraît qu'on n'en fera rien, et que, grâces à des influences politiques qui s'exercent au ministère en faveur de la Corse, ou bien seulement par suite de ce coupable laisser-aller qu'on reproche de tout côté à l'administration de la guerre, pour tout ce qui regarde le service sanitaire de nos troupes, on négligera un établissement excellent qui est à portée, pour aller en chercher un autre au loin, à grands frais et à grand' peine.

Puisque j'en suis au département de la guerre, je dois

vous dire, Madame, qu'à cette pacifique vallée des Bains se rattachent quelques souvenirs relatifs à l'un des faits militaires les plus étonnants de l'époque impériale. L'image de Napoléon se dresse ici devant nous à chaque pas. Un jour on vit l'Empereur descendre de ces montagnes. Il avait avec lui une poignée de soldats. Il était vêtu de cette capote historique que vous savez, et sa tête, sous le poids des plus graves préoccupations, penchait sur sa large poitrine. D'où venait-il et où allait-il ainsi? Il venait de l'exil et il allait reconquérir l'empire qu'il avait perdu. Entre l'Ile d'Elbe et Paris, Digne fut sa troisième étape.

Du Golfe Juan, l'Empereur était venu coucher le premier jour à Séranon, le second jour à Barrême, et le troisième jour le vit défiler, à la tête de ses vieux soldats, dans cette vallée étroite où nous sommes. Un paysan nous a montré non loin des bains, l'endroit où le mulet chargé du trésor de la petite armée s'abattit sur la pente raide de la montagne ; l'or roula dans l'étroit sentier, et le pâtre qui depuis jamais ne passe là sans remuer du bout de son bâton les pierres du chemin', voit de temps en temps briller à ses yeux, et comme lui sourire, quelques-unes de ces jolies médailles jaunes à l'effigie impériale qu'il aime tant.

Quand on parcourt les gorges étroites et en vingt endroits coupées par des torrents, où il aurait été si facile d'arrêter et d'anéantir la petite troupe de l'Empereur, on s'étonne encore plus de l'audace de son entreprise. Il est vrai que la trahison lui avait applani les voies; s'il faut appeler trahison cet entraînement presque irrésistible qui forçait à suivre la fortune de Napoléon, ceux qui sous son règne lui avaient été dévoués. Mais au reste quelle que fût la volonté des chefs, à chaque pas des obstacles insurmontables pouvaient surgir. Lorsque l'Empereur arriva à Digne, le préfet et le général, suivis de toute la garnison, avaient quitté la ville. On dit qu'il trouva là tous les renseignements dont il avait besoin, que les papiers destinés à éclairer sa marche étaient cachés dans un fauteuil d'où lui-même les retira. Cette dernière circonstance n'est cependant pas certaine. Napoléon fit acheter à Digne quelques chevaux et des mulets de transport. Il faisait demander pour sa troupe cinq mille rations, mais en vérité il n'avait pas avec lui cinq cents hommes. Il recruta d'ailleurs peu de monde ici, et l'on vit seulement une jeune et intrépide amazone que, sur les bords glacés de la Vistule, l'astre impérial avait jadis éblouie, et qui maintenant pleurait sa chûte sur les rives de la Bléone, se lever, pleine d'ardeur et d'enthousiasme, aux premiers rayons de ce jour nouveau, venir se mettre intrépidement au service du grand capitaine et, durant tout le temps de son séjour à Digne, remplir, auprès de lui, avec un zèle et une grâce admirables, les fonctions d'aide-de-camp.

Napoléon ne coucha pas à Digne. Il voulait se rapprocher de Sisteron qui était le pas le plus difficile à franchir, et il vint établir son quartier général au château de Malijay, non loin du pont de la Durance où il aurait été si facile de lui couper le chemin. Il passa la nuit sur un fauteuil sans se deshabiller et sans dormir. Les soldats bivouaquèrent dans la cour du château. De très-grand matin l'avant-garde, sous les ordres du brave général Cambronne, prit le chemin de Sisteron. La citadelle avait été désarmée par les ordres du général Loverdo qui commandait le département. Mais on avait néanmoins tant à craindre, car il ne fallait que peu de monde pour arrêter l'expédition au passage de la rivière et la forcer à prendre une autre direction, qui aurait peut-être compromis sa marche et ses succès. Le moindre petit échec dans ces commencements pouvait être fatal à l'entreprise. Il ne s'en fallut pas de beaucoup qu'on ne trouvât là en effet un obstacle sérieux. Il y avait alors à Sisteron un jeune officier qui, malgré son admiration pour l'Empereur, se regardait comme lié par le serment qu'il venait de prêter au gouvernement nouveau. Il était donc fermement résolu à le tenir, et il ne demandait qu'un ordre en règle émané des autorités civiles ou militaires, pour organiser et diriger la résistance. Ses offres n'eurent aucun résultat et au milieu de la panique universelle, Cambronne arriva à Sisteron, et envoya sur le champ une estafette à l'Empereur pour lui apprendre qu'il était maître de la place. Nous voilà sauvés, dit Napoléon au maréchal Bertrand, en apprenant cette nouvelle, et, dès ce moment, les nuages qui chargeaient son front se dissipèrent un peu.

Le jeune officier de Sisteron est aujourd'hui le brave général de Leydet. Cambronne qui le connaissait, alla le trouver en arrivant. -- Capitaine, lui dit-il, vous êtes cause que nous avons fait une marche forcée, cette nuit. Vos projets que nous connaissons, et votre mauvaise tête, nous donnaient de l'inquiétude. Enfin tout va bien et j'espère que vous allez être des nôtres. -- La résolution de M. de Leydet, fondée sur l'honneur, était invariable, mais il nous a avoué qu'il eut besoin de toute sa force, quand Napoléon étant arrivé à Sisteron, le général Bertrand le fit appeler et voulut le présenter à l'empereur qui était dans l'appartement voisin où il reçut toutes les autorités de la ville. Il ressentait déjà cette puissante attraction que cet homme extraordinaire exerçait sur tous ceux qui l'avaient servi, lorsque se trouvant à bout d'efforts, il rompit brusquement avec le grand maréchal, et quitta l'hôtel sans avoir vu Napoléon. Le lendemain il prenait seul la route du Nord et il allait rejoindre son corps qui était à Valencienne. C'est lui qui, en passant à Paris, dit ce mot: *Sur les draps de lit à changer aux Tuileries*, qui fut répété alors.

Voilà, Madame, quelques détails que j'ai recueillis sur

les lieux, et, quoique peu importants en eux-mêmes, ils vous intéresseront peut-être, parcequ'ils se rapportent à l'un des hommes et à l'un des évènements les plus extraordinaires de notre histoire (1).

***

(1) Nous ajouterons à ces détails quelques extraits d'un mémoire assez curieux qui nous a été communiqué, et qui renferme la relation d'une conversation qu'un jeune prêtre de Digne eut, au village de la Clape, avec Napoléon, le 4 mars 1815. Nous tenons cette pièce de l'ecclésiastique lui-même qui est actuellement curé de la paroisse du Lauzet. Il consigna ses souvenirs par écrit aussitôt après l'entrevue, et il le fit par le conseil du supérieur du séminaire, qui était alors le vénérable M. Courbon. Celui-ci pensait que l'Empereur serait arrêté, qu'un grand procès était probable, et qu'il pouvait se faire alors que le jeune ecclésiastique fut appelé comme témoin. Cet écrit a donc presque toute l'autorité d'un témoignage juridique. Nous ne pouvons pas citer tout le mémoire, mais nos extraits sont textuels.

Le jeune prêtre se rendait, le samedi, 4 mars 1815, de Digne à Chaudon, pour dire la messe le lendemain dans cette paroisse, à la place du curé empêché, lorsqu'il rencontra à la Clape l'expédition. Nous allons maintenant le laisser parler.

« En entrant dans le village de la Clape, je rencontre plusieurs mulets chargés de bagages. Un officier qui vint dire aux conducteurs de s'arrêter jusqu'à ce que la troupe fut prête à partir, me demande d'où je viens et où je vais : je lui réponds que je viens de Digne et que je vais à Chaudon ; il me dit que je ne pourrais pas aller plus avant sans avoir parlé à l'Empereur ; il prend en même temps mon cheval par les rênes et le conduit quelques pas : il m'engage à mettre pied à terre, et me présente à Bonaparte qui se trouvait à droite, sur un pré, assis sur une chaise, près d'un grand feu. Des soldats formaient un grand cercle autour de lui. (J'ai remarqué dans l'intérieur du cercle et hors des rangs, à quelques pas de l'Empereur, un individu pensif et rêveur, âgé de quarante à cinquante ans : il m'a

Je n'ai plus rien à vous dire de notre matinée, sinon que nous sommes revenus des bains bien fatigués par la chaleur, qui dans cette saison est excessive au fond de ces étroites

---

paru, à son extérieur, être un prêtre; il avait une redingote couleur café, les bas noirs et le chapeau rond; je n'ai plus eu l'occasion de le revoir pour lui parler.) Cet officier, en me présentant à Bonaparte, lui dit: Sire, voici un ecclésiastique qui vient de Digne. Alors, Napoléon me dit de m'approcher de lui, ce que je fis, en le saluant profondément.

« Que dit-on de nouveau à Digne? me dit-il.

R. Je demeure au séminaire, qui est situé hors de la ville, où je suis très-occupé, et, par conséquent, je ne suis pas au courant des nouvelles.

D. N'avez-vous pas ouï dire que l'Empereur devait bientôt passer à Digne?

R. En traversant la ville, plusieurs personnes m'ont annoncé cette nouvelle à laquelle j'avais de la peine à croire.

Eh bien, Monsieur l'abbé, me dit-il, c'est à l'Empereur que vous parlez; il arrivera bientôt à Digne, et de là, il ira à Paris.

D. Y a-t-il beaucoup de troupe à Digne?

R. Il n'y a qu'une faible garnison que j'ai vue manœuvrer ce matin, en traversant la ville.

D. Où allez-vous?

R. Je vais au prochain village appelé Chaudon, pour y dire, demain, la messe, à la place du recteur qui doit aller remplacer le curé de Sénez qui est malade.

D. Vous paraissez bien jeune pour dire déjà la messe, quel âge avez-vous?

R. J'ai vingt-trois ans.

D. Quel âge faut-il avoir pour pouvoir dire la messe?

R. Il faut avoir 24 ans révolus; mais j'ai profité d'un *ante tempus* d'un an, que Monseigneur l'Évêque m'a obtenu du Souverain Pontife.

» D. Les Évêques peuvent-ils correspondre avec le pape?

R. Oui, Monsieur, ils sont parfaitement libres à cet égard.

Voyant que l'Empereur ne m'adressait plus de questions

vallées. On nous offrait pour nous ramener, une méchante patache toute disloquée, qui est l'équipage ordinaire des baigneurs. Mais ces jeunes gens ont prétendu qu'à moins

---

et qu'il était préoccupé et pensif, je lui demandai son agré-ment pour continuer ma route. Vous pouvez aller, me dit-il, rien ne vous en empêche. Allez, allez, M. l'abbé, dire votre messe.

» Je me retire et je dis au domestique de faire avancer le cheval. A peine a-t-il fait quelques pas, que le même offi-cier qui m'avait présenté à Napoléon, s'en aperçoit et me dit de m'arrêter. Allez toujours, dis-je au domestique, et je frappe le cheval pour le faire avancer.

» Halte-là, me dit l'officier, d'un ton animé, et, en même temps, il saisit les rênes du cheval.

» Je le quitte pour aller me plaindre à Napoléon en lui disant que, malgré la permission qu'il venait de me donner, un de ses officiers ne voulait pas me laisser continuer ma route.

» L'officier arrive aussitôt : Sire, dit-il, M. a un cheval. -- Est-il bon à quelque chose, dit Bonaparte. -- Oui, Sire, c'est un beau cheval, il pourra servir à M. W. qui est dé-monté. -- Eh bien, qu'on l'achète.

» Mais, Monsieur, repris-je, je vous prie d'observer que je ne suis pas le propriétaire du cheval; je l'ai loué à Digne et je ne puis pas en disposer pour le vendre.

» Vous ne risquez rien, me dit l'Empereur, on le paiera au propriétaire, à Digne; en attendant, le colonel vous en donnera un reçu. Permettez-moi, lui dis-je, de le conduire jusqu'à Chaudon; ce soir le domestique le ramènera à Digne et le propriétaire vous le vendra.

» Non, non, dit Napoléon, on vous donnera un mulet pour aller dire votre messe.

» Je me présente alors au colonel; il me dit d'attendre encore quelques instants, que le quartier-maître était en arrière et qu'il me paierait le cheval. Je lui en de-mande un reçu; il me répond que je n'en ai pas besoin;

d'être perclus ou paralytiques, on ne pouvait pas décemment
s'en servir et ils ont préféré marcher. Je n'ai pas tardé à
regretter la patache et ils ont fini par la regretter comme moi.

---

que leur bon maître est là , en me montrant l'Empereur, et
qu'il ne souffrirait pas qu'on fit la moindre injustice.

» L'officier dont j'ai parlé plus haut, conduit le cheval dans
une écurie et me dit que, si je voulais, il me ferait donner
un mulet. Aussitôt, sur son invitation, un homme de la Clape
m'amène un petit mulet que je refuse, parce que j'avais pris
la détermination de revenir à Digne pour indiquer le propriétaire du cheval.

» Tandis que je m'entretenais avec des habitants de Barrême
et de Senez, qui étaient venus porter les effets de la troupe ,
et que je les questionnais sur la santé de M. le curé de Senez,
un officier vint me dire que l'Empereur demandait après
moi. Je me présente à l'instant et il me fit les questions sui-
vantes :

D. Êtes-vous le recteur de ce pays ?

R. Non , Monsieur, je suis ici uniquement pour dire la
messe demain, à Chaudon, je retourne ensuite au séminaire.

D. Le séminaire de Digne est-il nombreux ?

R. Il y a environ cent élèves.

C'est beaucoup, dit-il, je suis surpris qu'étant prêtre;
on vous retienne au séminaire, et qu'on ne vous donne pas
un titre de paroisse.

R. Il n'y a que peu de jours que je suis ordonné prêtre,
j'ai un emploi au séminaire, que je continue de remplir
jusqu'à la fin de l'année, et, à cette époque, probablement
Monseigneur l'Évêque me donnera une paroisse à diriger.

D. Que faites-vous au séminaire ?

R. Je suis l'économe de la maison et je suis chargé d'une
partie de la surveillance. -- Ah! c'est bien, me dit-il.

D. Qui est votre Evêque ?

R. C'est Mgr. Miollis. -- Ah! c'est Miollis! -- Oui, Monsieur.

D. A-t-il deux grands-vicaires ?

R. Oui, Monsieur,

Mon Dieu! Madame, je ne suis qu'au milieu de mon récit, et me voilà au bout de mon temps. J'entends la voix de

---

D. Comment s'appellent-ils ?

R. MM. Arbaud et Chalvet.

D. Sont-ils bien instruits? dirigent-ils bien le diocèse?

R. Ils sont très-instruits et dirigent le diocèse à la satisfaction de tout le monde.

D. Le diocèse de Digne est-il considérable?

R. Oui, Monsieur : il renferme deux départements, les Hautes et les Basses-Alpes, dans lesquels, avant la révolution, il y avait sept évêchés.

D. Combien y a-t-il de chanoines au chapitre?

R. Je crois qu'il y en a dix.

D. Pourquoi n'envoie-t-on pas quelques-uns de ces chanoines dire la messe le dimanche?

R. Ils sont presque tous vieux, ou infirmes, ils ont des devoirs de charge à remplir, le dimanche; ils se rendent utiles à Digne, autant qu'ils le peuvent; mais leur âge et leurs infirmités ne leur permettent pas d'aller courir dans les paroisses.

D. Qui est-ce qui vous paie pour aller faire le voyage, et combien vous donne-t-on?

R. C'est Monseigneur l'Évêque qui m'envoie et je ne me mets pas en peine du paiement.

D. Combien de bourses du gouvernement a votre séminaire?

R. Il en a très-peu, eu égard à ses besoins.

D. Qui-est ce donc qui paie la pension des ecclésiastiques? la paient-ils eux-mêmes.

R. Il y en a quelques-uns qui peuvent payer, mais le grand nombre est dans l'impuissance, et ils profitent du secours des bourses, des libéralités de Monseigneur l'Evêque qui consacre presque tous ses revenus au séminaire, et des aumônes des personnes charitables.

D. Combien paie-t-on de pension?

R. On paie trois cents francs. — C'est bien peu.

notre muletier et le piaffement des chevaux. Ce soir, à notre
première halte, qu'aurai-je de mieux à faire que de vous

D. Est-ce que cette somme suffit pour la nourriture, l'ha-
billement et les livres nécessaires aux séminaristes?

R. Ceux qui paient la pension s'entretiennent eux-mêmes
et Monseigneur fournit tout ce qui est nécessaire à ceux
qui sont pauvres.

D. Les professeurs du séminaire sont-ils moines ou prêtres?

R. Ils sont prêtres.

D. Ils ne sont donc pas moines?

R. Non, Monsieur.

D. Quelle théologie suit-on?

R. C'est la théologie de Poitiers.

D. Quel est le fondement de cette théologie?

R. Elle est basée sur l'Écriture-Sainte, l'autorité de
l'Église, la tradition, les Sts. Pères et sur la raison.

D. Parmi les Sts. pères, vous comptez St. Augustin et St.
Thomas, n'est-ce pas?

R. Oui, Monsieur....

D. Vos professeurs vous enseignent-ils les principes de
l'église gallicane?

R. Oui, Monsieur....

D. Y a-t-il suffisamment de prêtres dans votre diocèse?

R. Le nombre de prêtres n'est pas en rapport avec les
besoins des paroisses, il en manque un grand nombre.

D. N'y a-t-il pas des prêtres qui disent deux messes et
qui font le service de deux paroisses?

R. Oui M., il y en a plusieurs qui ont la faculté de biner.

D. Ces deux messes équivalent-elles à deux messes, dites
à différents jours.

R. Oui, Monsieur.

D. Cependant, un prêtre ne peut pas consacrer deux fois,
il faut donc qu'il conserve l'hostie consacrée à la première
messe, pour la seconde, et, alors, le peuple qui entend la
messe, l'entend-il complètement?

R. Je vous demande pardon, M. le prêtre, en vertu de
son ordination, consacre toutes les fois qu'il prononce les
paroles sacramentelles sur une matière légitime; mais
l'église l'a borné à dire une messe par jour; néanmoins,

écrire? je m'en vais donc, si vous le permettez, vous dire

eu égard aux besoins des fidèles, l'église accorde à quelques prêtres la faculté de dire deux messes, et ceux qui y sont autorisés consacrent deux fois et consument deux fois les espèces consacrées, en sorte que les deux sacrifices sont complets, et le peuple qui y assiste entend la messe complètement.

D. Mais, que fait-on de particulier dans la première' messe qu'on ne fasse pas dans la seconde?

R. On ne prend pas les ablutions à la première messe.

D. Pourquoi le prêtre ne prend-il pas les ablutions à la première messe?

R. Pour ne pas rompre le jeûne, par respect pour la divine Eucharistie.

D. Cela n'est donc que de discipline ecclésiastique.

R. Oui, Monsieur, c'est l'église qui l'a ainsi réglé. — Ah! c'est bien; allez, M. l'abbé, allez dire votre messe.

» Je me retire, après avoir salué l'Empereur et, lorsque je fus sorti du cercle que formaient les soldats, un officier qui était près de Napoléon, vint me féliciter sur l'avantage que j'avais eu de parler à l'Empereur: venez, me dit-il, venez avec nous à Paris, soyez persuadé que l'Empereur ne vous oubliera pas et qu'il aura soin de vous. Je le remercie et lui réponds que je ne pourrais quitter mon diocèse sans l'agrément de mes supérieurs et que j'étais persuadé d'avance qu'ils n'y consentiraient pas.

» Cet officier me demanda si la route de Digne à Grenoble était belle et si on trouverait des voitures. Après avoir satisfait à ces questions, je lui demandai à mon tour: Croyez vous, Monsieur, vous rendre à Paris sans obstacle, et que le gouvernement actuel ne vous opposera pas de la résistance. — Monsieur l'abbé, me répondit-il, nous comptons nous rendre à Paris, sans coup-férir, nous ne nous sommes pas tout-à-fait fiés sur les paroles de l'Empereur et du général Bertrand; leur ambition aurait pû les porter à se sacrifier et à nous sacrifier nous-mêmes, mais, avant de nous embarquer, nous avons vu toutes les correspondances et nous nous sommes convaincus que toutes les difficultés étaient applanies; ainsi, M. l'abbé, si vous voulez venir avec nous, vous n'avez rien à craindre.

adieu, pour le moment, en vous annonçant la suite au prochain courrier.

» En ce moment, on donne le signal du départ, la troupe
prend les armes et s'organise, Napoléon se lève et on le
monte à cheval, (je dis; on le monte, car il n'était pas libre
dans ses mouvements qui étaient génés par sa cuirasse),
on se met en route, et, moi-même, je m'achemine avec la
troupe, pour revenir à Digne. Je prends, avec quelques
soldats, un raccourci qui me conduit aux Bains. Là, Napoléon m'aperçoit et me demande pourquoi je n'ai pas été
dire ma messe à Chaudon; je lui réponds que j'étais revenu
pour indiquer le propriétaire du cheval qu'on m'avait forcé
de remettre. (En effet, j'ai donné connaissance à M. Esmieu
de ce qui était arrivé au sujet de son cheval, et il en a reçu
le prix qu'il en a demandé).

» Enfin, j'arrive à l'Évêché; je rassure Monseigneur qui
était dans une grande inquiétude: il craignait de recevoir
une visite, et Napoléon n'avait pas le temps d'en faire.

» M. Courbon supérieur du séminaire était aussi bien
en peine, il craignait de voir le séminaire devenir une caser-
ne et les séminaristes des soldats; mais il a été rassuré par
le récit de mon aventure et par le départ subit de Napoléon.

« Les impressions que j'ai éprouvées dans cette circonstance, n'ont été pénibles pour moi qu'au moment où j'ai
aperçu l'avant-garde et que j'ai vu briller les aigles; il me
vint alors dans l'idée de rétrograder; mais j'ai fait la réflexion qu'ayant été aperçu, on pourrait me prendre pour
un espion et m'arrêter, je pris le parti de faire bonne con-
tenance. Je n'ai éprouvé aucune peine à parler à Napoléon
et à répondre à ses diverses questions, seulement je crai-
gnais qu'il ne m'interrogeât sur mes opinions politiques,
et, pendant l'intervalle des questions qu'il m'adressait,
je méditais sur la réponse que je devais lui faire à ce sujet.

« J'ai passé environ une heure avec Napoléon, et j'étais
étonné de me trouver en face de cet homme qui avait fait
trembler l'Europe. Aussi, je le considérai attentivement et
sa physionomie est demeurée empreinte dans mon âme....»

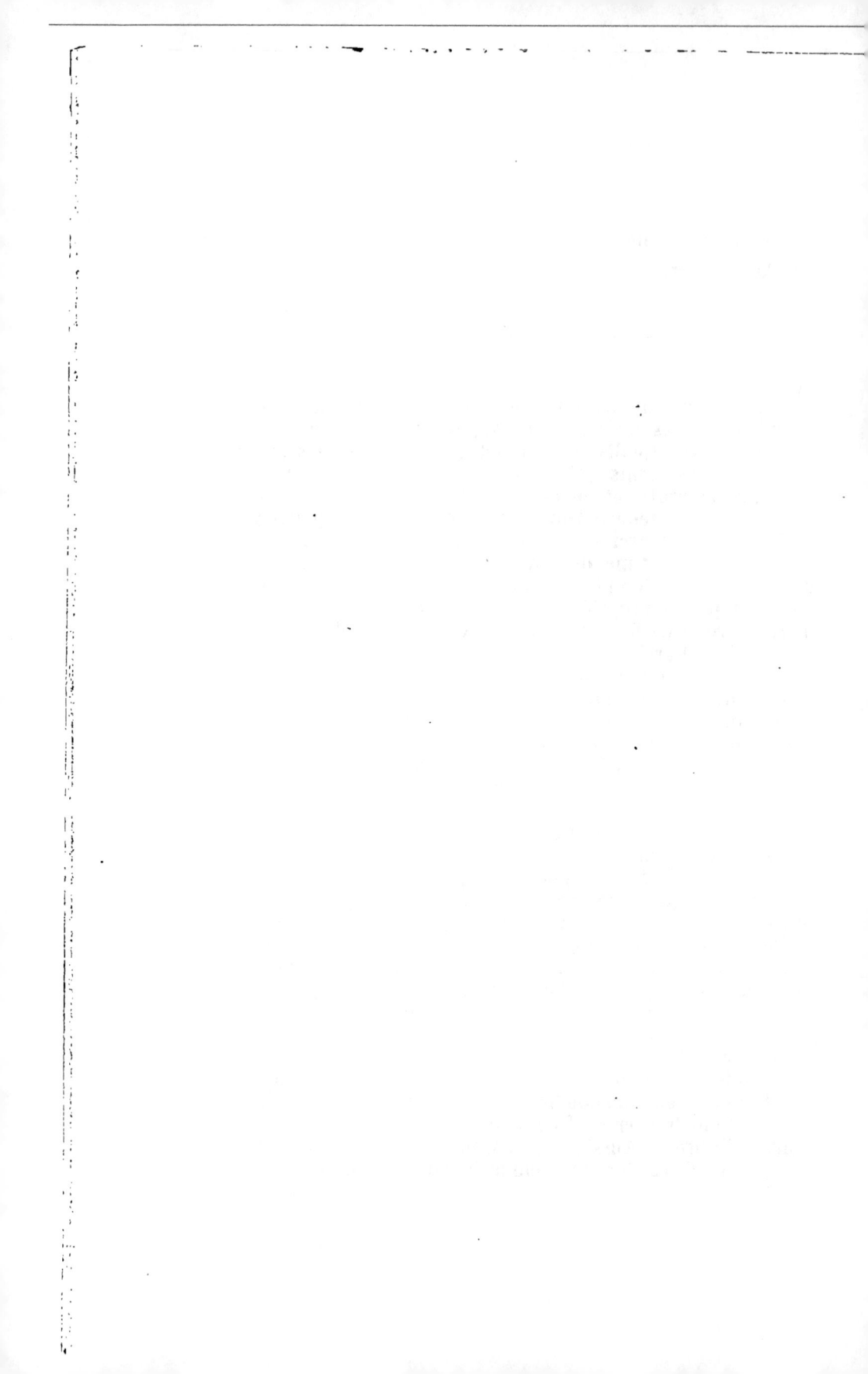

LETTRES SUR DIGNE.

SUITE DE LA IIe LETTRE.

*Une soirée à l'Évéché. — La poésie intime. — Les anciens
et les modernes. — Lucain. — Le patriarchat. — Les socialistes. — Les lanternes. — Le Concert alpestre. — Il
n'y a plus de Pyrénées.*

Du *Château de Beaucouse, le 19 août 1841.*

Il était écrit, Madame, que nous visiterions la vallée de
Thoard avant celle de Barcelonnette. Je ne sais pas si je
vous avais suffisamment instruite de ce projet qui, du reste,
a été tout-à-fait improvisé. Notre ami de Digne n'a pas
voulu nous laisser aller seuls à travers les Alpes, avant
d'avoir un peu fait notre éducation de montagnards. C'est
donc lui qui a eu l'idée de cette course préparatoire, et nous,
en vrais Touristes, ne demandant qu'à voir du pays, nous
nous sommes laissés conduire. Et c'est pourquoi nous voici,
non, comme vous pouviez le croire, dans quelque méchant
logis de village, mais dans le meilleur gîte, où nous attendait
une noble et douce hospitalité.

Il est vrai que ce n'est pas sans peine et même sans péril.
Dieu, quels chemins, Madame! figurez-vous un sentier
frayé par les chèvres au flanc d'une chaîne de montagnes

3

très-élevées et très-abruptes, une vraie corniche d'un demi-
mètre et souvent moins encore de largeur, sur laquelle il
faut marcher deux heures avec un épouvantable précipice
à côté : c'est ce qu'on appelle la route du village de la Robine à celui de Lambert. Cette corniche suit toutes les si-
nuosités de la montagne. On la voit serpenter, monter et
descendre comme une ligne blanche à peine indiquée. Quelquefois elle fait tout à coup un coude rapide, et alors on se
trouve de part et d'autre environné de cet abîme béant, au
fond duquel une force mystérieuse semble vous attirer. C'est
alors que le vertige monte à la tête, et que, malgré soi, le
cœur se trouble ; homme ou cheval, il faut être du pays pour
suivre sans crainte et sans beaucoup de danger un semblable chemin. Nous restâmes donc sur nos montures que des
paysans soutenaient, l'un par la bride, l'autre par la queue,
et c'est dans ce singulier équipage que, fermant les yeux
aux endroits les plus difficiles, et quand nous sentions le
vertige commencer son infernale danse, nous arrivâmes
sains et saufs, grâces à Dieu, à la fin de ce périlleux défilé.

On éprouve un bien-être indéfinissable, lorsqu'on vient
d'échapper à un danger imminent. La route qui restait à
faire n'était, certes, pas belle, et, dans toute autre circonstance, elle nous aurait mis probablement de fort mauvaise
humeur, mais dans ce moment nous lui savions un gré infini de ne pas être bordée d'un affrayant précipice, et nous
la faisions gaîment, le plus souvent à pied, pour ménager
nos chevaux qui avaient ce jour-là une bien longue course à
faire. Au reste, j'ai éprouvé plus d'une fois qu'on peut marcher beaucoup plus long temps dans les montagnes que
dans la plaine. Le corps s'y trouve plus dispos. Cet air pur
qu'on respire répare sans cesse les forces ; la sérénité et
le calme de la nature passent dans l'âme, et celle-ci, moins
appesantie et plus libre, vous soutient et vous entraîne.

Nous traversâmes ainsi, sans trop de fatigues, les montagnes qui séparent la vallée de la Robine de la vallée de Thoard. Du point élevé où nous étions, notre vue s'étendait au loin. C'était partout des pics élancés, des chaînes se dressant les unes derrière les autres jusqu'aux plus hauts sommets des Alpes ; toutes ces montagnes avaient des formes différentes, mais en général heurtées. Ce spectacle d'un magnifique bouleversement avait une grandeur et une sorte de ton religieux qui saisissaient l'âme. C'était à nos yeux une sublime expression de la force divine. La couleur azurée de ces masses rappelait la mer, quand les vagues se soulèvent, et que, sous le souffle de la tempête, son sein est profondément labouré. Ici les vagues étaient, il est vrai, pétrifiées, mais par moment, à mesure que nous marchions nous-mêmes, elles semblaient, sous les rayons du soleil, se mouvoir et bondir.

Le village d'Auribeau où nous nous sommes arrêtés, est sur la pente méridionale d'une montagne très-élevée qui ferme au nord la vallée de Thoard. Il se compose de quelques maisons dispersées çà et là, presque toutes bien petites, mais au moins très-bien abritées. Tout ce versant est boisé. A certains endroits, le sol est gazonné et offre de gras pâturages. Une belle forêt de chênes, des champs cultivés où croissent le cérisier et le pommier, font de ce site un des plus agréables des Alpes. On est étonné de ne voir que des habitations si misérables au milieu d'une nature qui semble si riche. Nous avions besoin de prendre quelque repos. On nous a conduits au presbytère, la seule maison qui puisse offrir l'hospitalité. Je n'oublierai pas le curé d'Auribeau. Il réalise à merveille l'idéal que je m'étais fait du bon curé de village. Un grand air de bonté et de simplicité donne à son visage cet épanouissement qui sied bien au bon pasteur, et qui est comme le doux éclat d'une âme toujours sereine. L'histoire, Madame, parle d'un saint Évêque qui, au plus beau siècle de l'Église, gardait des moutons dans l'Ile de Chypre. Je ne sais pas si le bon curé d'Auribeau, comme l'Évêque Spiridion, mène sous la même houlette deux troupeaux à la fois, mais il m'a semblé voir l'étable formant le rez-de-chaussée de son presbytère. On monte de là, par une échelle de bois assez raide même, à la pièce habitée par M. le curé. Elle forme, tout-à-la fois, sa cuisine, son salon, son cabinet de travail et sa chambre à coucher. La table a été bientôt mise et chargée de fruits. Un lait délicieux couvert d'une crème neigeuse nous a été servi avec cette abondance qui est le luxe de la simplicité. Nous avons fait, comme de raison, grand honneur à cette collation improvisée. Jules rêvait déjà la vie pastorale dans quelque coin ignoré des Alpes, nous goûtions à longs traits, tout ce que les joies bucoliques ont de plus pur et de plus doux, lorsqu'on est venu tout à coup interrompre notre songe: c'était l'heure du départ.

D'Auribeau à Thoard le Noble, comme il s'appelle, il y a une distance d'environ deux heures. Nous voulûmes visiter au moins la capitale de la vallée. Elle couvre de ses maisons une étroite plate-bande d'où l'on domine le pays d'alentour, comme du haut d'une terrasse. Il y avait là autrefois une maison seigneuriale assez belle; elle est toute dévastée aujourd'hui. Quelques portes élégamment cintrées, quelques restes de moulures dans les plafonds attestent seulement l'ancienne splendeur du manoir. Nous vîmes aussi à Thoard les ruines d'un château féodal aux noires et épaisses murailles. C'est tout ce qui reste maintenant d'un passé qui ne fut pas sans gloire. Thoard fut le berceau de plusieurs nobles familles de Provence, aujourd'hui, ou éteintes, ou dispersées au loin. Le trop célèbre Barras partait d'ici. On nous a montré sa maison non loin du château. L'herbe croît dans la cour et jusques sur le seuil de la porte d'entrée. La maison n'est pourtant pas entièrement déserte, mais on la dirait hantée par des ombres. Comme nous parlions de sabbat, une petite porte latérale s'ouvrit, et nous vîmes sortir une femme grande, maigre et très-âgée; elle portait un très-grand et très-vieux chapeau de paille. Nous sûmes bientôt que c'était la suzeraine de céans, dernière perle de la noble couronne de Thoard, dernière pierre encore debout de l'édifice du passé.

Le Château de Beaucouse, où nous était préparé un si bon gîte, est en face du village, de l'autre côté de la vallée, mais pour y arriver il faut tourner la montagne qui, du côté du midi, abaisse un peu sa croupe. C'est par là seulement que le Château est abordable. Nous étions brisés en arrivant. Heureusement rien ne délasse vite comme un franc et aimable accueil. Nous avons trouvé ici beaucoup de monde, une maison charmante et parfaitement tenue, les agréments de la ville et de la campagne réunis. Je n'ai pas vu assez le pays pour vous en parler, Madame, mais il m'a semblé beau et pittoresque. Nous avons traversé, toujours en montant, des bois et des champs fertiles. Je suis sûr qu'il doit y avoir d'ici un coup d'œil magnifique, car le château est situé sur un plateau fort élevé.

Demain, Madame, malgré les vives instances qui nous sont faites, nous partirons de grand matin et nous ne ferons presque que traverser Digne pour continuer notre route vers la haute montagne. Je veux donc clore ici ma correspondance Bas-Alpine, et j'ai quitté de meilleure heure le salon, Madame, un salon fort gai, je vous assure, où l'on cause avec un aimable abandon, où l'on prend du thé excellent, où l'on joue au boston, cette providence de la campagne, pour venir tout exprès renouer le fil de mon récit que le départ m'avait forcé d'interrompre et dont la suite annoncée vous revient de droit.

Il me reste à vous parler de notre soirée d'hier, mais ce n'est pas, Madame, une petite entreprise, et je tremble de m'y trouver engagé. Je devrais avant de commencer invoquer toutes les muses du vieux Parnasse qui, à ce que Jules prétend, ont quitté le sommet du Pinde et sont venues s'abattre non loin d'ici sur quelque sommet Bas-Alpin. Je devrais les invoquer sans doute, car pour vous raconter fidèlement cette soirée, il me faudrait vous parler de Poésie, de Philosophie, d'Histoire, de Musique, et de je ne sais quoi encore. -- Mais, hélas! j'aime mieux n'invoquer que votre patience, et je prends la résolution de ne pas trop en abuser, si je puis.

Laissez-moi vous dire, d'abord, comment il se fait que nous avons eu une soirée à Digne, qui est ce à quoi nous nous attendions le moins.

Nous avions laissé hier dans la journée une carte à l'Évêché. Nos noms n'étaient pas inconnus de l'aimable et saint Prélat qui gouverne ce diocèse, et, au retour de Notre Dame, nous trouvâmes une gracieuse invitation de sa part à laquelle il nous était impossible de faire honneur, l'heure du dîner étant passée. Monseigneur prévoyant notre arrivée tardive, nous priait, avec une grâce charmante, pour la soirée, à défaut du dîner; et nous nous fîmes un devoir de nous rendre à son invitation. D'autre part, notre ami de Digne qui ne songeait pas à l'invitation épiscopale, s'était mis en quatre pour nous trouver quelque agréable distraction. Il nous avait annoncé dans une maison où l'on faisait de la musique, et, rien que pour le plaisir de savoir une fois pour toutes, ce que pourrait être un concert alpestre, nous avions promis de nous y rendre. Cela faisait donc deux soirées pour une. Jules fit à tout hasard une toilette des plus soignées, et nous partîmes pour l'Évêché, sous la conduite d'un guide. Le guide et surtout un très-gros fanal dont il s'était muni n'étaient pas de reste. Il faut vous dire, Madame, qu'en fait d'éclairage, la capitale Bas-Alpine s'en tient encore à *la pâle clarté qui tombe des étoiles*; ce qui est très-poétique et surtout très-économique. Il est vrai que ce n'est ni commode, ni sûr, et que, vu la manière dont la ville est bâtie et les rues pavées, on ne pourrait pas manquer de se casser le cou, si l'on s'aventurait dans ce périlleux labyrinthe, le soir, sans lanterne. Mais enfin chacun se gare comme il peut, et ainsi nous fîmes.

Nous arrivâmes donc sains et saufs à l'Évêché. J'eus, je l'avoue, Madame, un moment d'effroi à la vue d'un salon assez vaste où se trouvait une nombreuse et grave réunion. Nous interrompîmes, je crois, un orateur, en arrivant: on avait moins l'air de causer que de délibérer et tous ces visages ressemblaient tout à coup à faire peur à des visages d'académie ; c'était en effet presque une académie, comme vous allez voir; mais la séance en tout cas fut assez amusante.

Mgr. de Digne qui aime beaucoup les lettres avait alors auprès de lui plusieurs de ses amis qui les cultivent avec succès. Ils étaient venus, quelques-uns, de très-loin à une espèce de rendez-vous, comme en un Port-royal catholique au fond des Alpes. A ce groupe choisi venaient naturellement se joindre les notabilités intellectuelles de l'endroit, et cela faisait l'imposante assemblée dont je viens de vous parler.

Nous fûmes introduit set bientôt mis parfaitement à notre aise par le maître de la maison. Aussi est-il impossible d'être plus aimable que lui et d'avoir des manières plus distinguées. En quelques paroles, nous avons été au courant de tout ce qu'il pouvait nou s importer de connaître, et nous avons eu sous les yeux la carte exacte de ce petit monde, lequel après un moment d'interruption, occasionnée par notre arrivée, reprit son train ordinaire.

Un jeune voyageur encore brûlé par les feux de l'orient,

M. P. que vous devez certainement connaître, car il est , si je ne me trompe, quelque peu votre compatriote, racontait, quand nous entrâmes, un épisode de son pèlerinage à Jérusalem. Il parlait haut et avec âme, et c'est cette voix qui de loin nous avait effrayés comme celle d'un lourd discoureur. Nous nous trompions beaucoup; et après avoir entendu la fin de son histoire, qui était fort intéressante, nous n'eûmes qu'un regret:, celui de n'en pas connaître le commencement.

Je ne sais, Madame, comment on passa de la Mer Morte à la Géologie, mais il est de fait qu'il en fut ainsi. Les bitumes du lac Asphaltite et la ruine de Sodome amenèrent probablement la théorie du feu central, qu'un jeune prêtre soutint en plutonien déterminé. J'appris qu'il était aussi d'Aix ; car il paraît que votre ville, en sa qualité d'Athènes du Midi, était très-bien représentée au congrès de Digne. On me dit son nom que j'ai oublié, mais ce que je n'oublierai jamais, c'est la franchise et la chaleur de ses convictions scientifiques ; la rapidité et l'animation de sa parole, une physionomie ouverte et très-gaie, et, sur son front haut et déjà dépouillé, un mélange de plis sérieux et de plis badins qui, par leur mobilité, m'amusaient beaucoup. Il y avait là quelques théologiens de la vieille roche qui se montraient difficiles à l'endroit de l'accord de la Genèse de Moïse et de la Génèse des géologues: Ils accablaient d'objections mon jeune prêtre; mais lui, sans se déconcerter, répondait à l'un par une bonne raison, à l'autre par une bonne plaisanterie, et il est de fait qu'il ne se laissa pas entamer. On ne peut savoir pourtant ce qui serait arrivé à la fin, si tout à coup l'attention générale n'avait été attirée vers une autre partie du salon, où venait d'éclater une vive discussion littéraire.

Il y avait de ce côté un petit groupe qui avait déserté depuis quelque temps les bruyantes questions géologicothéologiques . pour se livrer, dans un pacifique *a parte* , à des considérations d'un ordre différent. Il paraît que la conversation s'était engagée et bientôt échauffée, au sujet de notre littérature actuelle. Elle comptait là des défenseurs et des adversaires également ardents.

Au premier rang de ces derniers, et au centre du groupe même qu'il dominait par l'autorité de sa parole et sa verve très-vive et très-spirituelle, on me fit remarquer le préfet du département, M. Léon T. un nom en effet connu dans les lettres, et l'homme. Madame, le plus orthodoxe *en littérature* qu'il fut possible de voir. Il avait pour adversaire principal un jeune écrivain de Lyon, ami de MM. Ballanche , Hugo, Ste. Beuve et consorts. Je ne sais qui des anciens ou des modernes avait jeté les premiers brandons de discorde au sein de la conversation, mais il est de fait qu'au moment où l'assemblée se tourna vers eux, la guerre était très-allumée. Ce fut bientôt un engagement général où tout le monde prit parti. Les modernes furent maltraités par M. le préfet. Le monde littéraire pour lui finissait à peu près au 18e siècle. Après, c'était comme un chaos. Pour la poésie il allait jusqu'aux Chénier, mais il préférait Joseph-Marie à André. Il est vrai qu'il récita des vers du poète Jacobin qui sont fort beaux et qui me réconcilièrent presque avec lui. Je suis sûr, Madame, que vous n'avez jamais touché, même du bout du doigt, au recueil qui les contient ; aussi, dussiez-vous me traiter de rallié, je prends la liberté de vous citer les suivants comme irréprochables, tant sous le rapport de la forme que sous celui du noble sentiment qui les a inspirés. Ils sont tirés du discours sur la Calomnie. Une sainte indignation s'est emparée du poète, en songeant qu'il a été accusé d'une sorte de complicité dans la mort si funeste de son malheureux frère André ; il y a dans les vers suivants une plainte bien éloquente et des accents qui semblent sortir d'un cœur vraiment déchiré :

Narcisse et Tigillin, bourreaux législateurs,
De ces menteurs gagés se font les protecteurs :
De toute renommée envieux adversaires,
Et d'un parti cruel plus cruels émissaires,
Odieux proconsuls, régnant par les complots,
Des fleuves consternés ils ont rougi les flots.
J'ai vu fuir, à leur nom, les épouses tremblantes ;
Le Moniteur fidèle, en ses pages sanglantes,
Par le souvenir même inspire la terreur,
Et dénonce à Clio leur stupide fureur.
J'entends crier encore le sang de leurs victimes ;
Je lis en traits d'airain la liste de leurs crimes.
Et c'est eux qu'aujourd'hui l'on voudrait excuser !
Qu'ai je dit ? On les vante ! et l'on m'ose accuser !
Moi, jouet si long-temps de leur lâche insolence,
Proscrit pour mes discours, proscrit pour mon silence,
Seul attendant la mort, quand leur coupable voix
Demandait à grands cris du sang et non des lois !
Ceux que la France a vus, ivres de tyrannie,
Ceux là même, dans l'ombre armant la calomnie,
Me reprochent le sort d'un frère infortuné,
Qu'avec la calomnie ils ont assassiné !
L'injustice agrandit une âme libre et fière.
Ces reptiles hideux, sifflant dans la poussière,
En vain sèment le trouble entre son ombre et moi :
Scélérats, contre vous elle invoque la loi.
Hélas ! pour arracher la victime aux supplices
De mes pleurs, chaque jour, fatiguant vos complices,
J'ai courbé devant eux mon front humilié :
Mais ils vous ressemblaient, ils étaient sans pitié.

Si le jour où tomba leur puissance arbitraire,
Des fers et de la mort je n'ai sauvé qu'un frère,
Qu'au fond des noirs cachots un monstre avait plongé,
Et qui, deux jours plus tard, périssait égorgé,
Auprès d'André Chénier, avant que de descendre
J'élèverai sa tombe où manquera sa cendre
Mais où vivront du moins et son doux souvenir,
Et sa gloire, et ses vers dictés pour l'avenir.
Là, quand de Thermidor la septième journée
Sous les feux du Lion ramènera l'année,
O mon frère! je veux, relisant tes écrits,
Chanter l'hymne funèbre à tes mânes proscrits.
Là, souvent tu verras, près de ton mausolée,
Tes frères gémissants, ta mère désolée,
Quelques amis des arts, un peu d'ombre et des fleurs;
Et ton jeune laurier grandira sous nos pleurs.

Il me semble, Madame, qu'on ne peut s'empêcher de re-
connaître en ces vers une profonde sensibilité dont on n'aurait pas cru susceptible cette muse révolutionnaire. Les suivants que la mémoire phénoménale de Monsieur le préfet,
lui fournit encore en faveur de son poète favori, sont em-
preints d'une grande tristesse admirablement exprimée. Que
de mélancolie et quel cruel désenchantement dans cette pièce, intitulée la Promenade, écrite en 1805, en plein empire,
par le poëte républicain!

Roule avec majesté tes ondes fugitives,
Seine; j'aime à rêver sur les paisibles rives,
En laissant, comme toi, la reine des cités.
Ah! lorsque la nature à mes yeux attristés,
Le front orné de fleurs, brille en vain renaissante;
Lorsque du renouveau l'haleine caressante
Rafraichit l'univers de jeunesse paré,

Sans ranimer mon front pâle et décoloré ;
Du moins auprès de toi que je retrouve encore
Ce calme inspirateur que le poëte implore,
Et la mélancolie errante aux bords des eaux.
Jadis, il m'en souvient, du fond de leurs roseaux,
Tes nymphes répétaient le chant plaintif et tendre,
Qu'aux échos de Passy ma voix faisait entendre.
Jours heureux! temps lointain, mais jamais oublié,
Où les arts consolants, où la douce amitié,
Et tout ce dont le charme intéresse à la vie,
Egayaient mes destins ignorés de l'envie.
Le soleil affaibli vient dorer ces vallons ;
Je vois Auteuil sourire à ses derniers rayons.
Oh! que de fois j'errai dans tes belles retraites,
Auteuil! lieu favori! lieu saint pour les poètes!
Que de rivaux de gloire unis sous tes berceaux!
C'est là qu'au milieu d'eux l'élégant Despreaux,
Législateur du goût, au goût toujours fidèle,
Enseignait le bel art dont il offre un modèle.

. . . .
. . . .

St. Cloud, je t'aperçois; j'ai vu, loin de tes rives,
S'enfuir sous les roseaux tes naïades plaintives;
J'imite leur exemple et je fuis devant toi :
L'air de la servitude est trop pesant pour moi.
A mes yeux éblouis vainement tu présentes
De tes bois, toujours verts, les masses imposantes,
Tes jardins prolongés qui bordent ces coteaux,
Et qui semblent de loin suspendus sur les eaux :
Désormais je n'y vois que la toge avilie
Sous la main du guerrier qu'admira l'Italie.
Des champêtres plaisirs tu n'es plus le séjour :
Ah! de la liberté tu vis le dernier jour.

Un Corse a des Français dévoré l'héritage...
Elite des héros au combat moissonnés ,
Martyrs avec la gloire à l'échafaud traînés ,
Vous tombiez satisfaits dans une autre espérance.
. . . .
. . . .
Jeune imprudent, arrête : où donc est l'ennemi ?
Si dans l'art des tyrans tu n'es pas affermi.......
Vains cris ! plus de sénat ; la république expire
Sous un nouveau Cromwel naît un nouvel empire.
. . . .
Crédule , j'ai long-temps célébré ses conquêtes ;
Au forum, au sénat , dans nos jeux , dans nos fêtes ,
Je proclamais son nom , je vantais ses exploits ,
Quand , ses lauriers soumis se courbaient sous les lois ,
Quand simple citoyen , soldat du peuple libre ,
Aux bords de l'Eridan , de l'Adige et du Tibre ,
Foudroyant tour à tour quelques tyrans pervers ,
Des nations en pleurs sa main brisait les fers ;
Ou quand son noble , exil aux sables de Syrie ,
Des palmes du Liban couronnaient sa patrie.
Mais, lorsqu'en fugitif regagnant ses foyers ,
Il vint contre l'empire échanger ses lauriers ,
Je n'ai point caressé sa brillante infamie ;
Ma voix des oppresseurs fut toujours ennemie ;
Et, tandis qu'il voyait des flots d'adorateurs ,
Lui vendre avec l'état leurs vers adulateurs ,
Le tyran , dans sa cour, remarqua mon absence ,
Car je chante la gloire et non pas la puissance.

Le troupeau se rassemble à la voix des bergers ;
J'entends frémir du soir les insectes légers ;
Des nocturnes zéphirs je sens la douce haleine;
Le soleil de ses feux ne rougit plus la plaine ,

Et cet astre plus doux qui luit au haut des cieux,
Argente mollement les flots silencieux ;
Mais une voix qui sort du vallon solitaire,
Me dit : viens; tes amis ne sont plus sur la terre;
Viens; tu veux rester libre, et le peuple est vaincu.
Il est vrai, jeune encore, j'ai déjà trop vécu.
L'espérance lointaine et les vastes pensées
Embellissaient mes nuits tranquillement bercées;
A mon esprit déçu facile à prévenir,
Des mensonges riants coloraient l'avenir.
Flatteuse illusion, tu m'es bientôt ravie !
Vous m'avez délaissé, doux rêves de la vie;
Plaisirs, gloire, bonheur, patrie et liberté,
Vous fuyez loin d'un cœur libre et désenchanté.
Les travaux, les chagrins ont doublé mes années;
Ma vie est sans couleur, et mes pâles journées
M'offrent de longs ennuis l'enchaînement certain,
Lugubres comme un soir qui n'eut pas de matin.
Je vois le but, j'y touche, et j'ai soif de l'atteindre.
Le feu qui me brûlait a besoin de s'éteindre;
Ce qui m'en reste encor n'est qu'un morne flambeau,
Eclairant à mes yeux le chemin du tombeau.
Que je repose en paix sous le gazon rustique,
Sur les bords du ruisseau pur et mélancolique !
Vous, amis des humains, et des champs, et des vers,
Par un doux souvenir peuplez ces lieux déserts;
Suspendez aux tilleuls qui forment les bocages
Mes derniers vêtements mouillés de tant d'orages;
Là, quelquefois encor, daignez vous rassembler;
Là prononcez l'adieu; que je sente couler,
Sur le sol enfermant nos cendres endormies,
Des mots partis du cœur et des larmes amies.

Nos jeunes gens avouaient que ces vers étaient beaux , et en vérité, pour le nier, il aurait fallu avoir perdu tout sentiment poétique. Mais ils disaient aussi qu'il y manquait pourtant quelque chose , et ils n'avaient peut-être pas tort. Cette douleur toute payenne , qui ne sait jamais lever les yeux au ciel , ne nous émeut pas profondément. Elle n'a pas une certaine chaleur qui est cependant indispensable pour que les fibres les plus délicates du cœur soient remuées. C'est parfait, mais toujours un peu froid comme un marbre antique. Au reste , les adversaires des anciens ne voulurent pas demeurer à court de citations. Le terrain poétique leur paraissait d'ailleurs très-favorable à leur cause. L'un récita la belle pièce de Lamartine à *Byron*, l'autre *L'Ange et l'enfant* de Reboul , un autre *La Prière* de Victor Hugo , où il y a de beaux vers , mais bien des longueurs. Ils prétendirent surtout qu'en fait de *Poésie intime* , les modernes avaient sur les anciens une supériorité qui ne pouvait pas être contestée. Ceux-ci n'y avaient rien , ou presque rien compris. C'était là l'expression, la forme essentielle de notre littérature. La poésie intime , disaient-ils , c'est le bel ange qu'un de nos poètes a vu naître au Jardin des Oliviers d'une larme du Christ :

> On vit alors du sein de l'urne éblouissante ,
> S'élever une forme et grande et blanchissante ,
> Une voix s'entendit qui criait : ELOA !!
> Et l'ange apparaissant , répondit : ME VOILA.

Oui , l'ELOA de Vigny, c'est un être mystique. Qu'est-il , cet ange , sinon le type de notre poésie intime ? Enfant pâle et mélancolique , né de nos larmes et de nos douleurs.

Pour le coup , je crus nos *anciens* éblouis par cette ravissante image. Mais nullement ; ils se mirent à discuter avec beaucoup de sang-froid la valeur même grammaticale de

l'expression *poésie intime* ; ils prétendirent que ce n'était
pas même là une locution française, et qu'on voulut bien
avant tout leur traduire ce nouveau barbarisme, et leur ex-
pliquer simplement la chose par quelques exemples. Ils furent pris au mot ; et le plus avancé de nos jeunes hommes,
sortit aussitôt de sa poche un Ste-Beuve in-32, qui était
son *vade mecum* ; c'est ainsi qu'Alexandre ne se séparait
jamais d'Homère. Il demanda un moment d'attention :
« Le premier et le dernier mot de la poésie intime est là,
» dit-il, en frappant sur le volume, » et d'une voix sourde
et lente, il récita les vers suivants :

A mes Amis Grégoire et Collombet.

Quoique tout change, et passe, et se gâte avant l'heure,
Quoique rien de sacré devant nous ne demeure ;
Qu'un siècle ambitieux n'empêche pas l'impur,
Que le tronc soit atteint sans que le fruit soit mûr ;
Quoique les jeunes gens, sans charme ni jeunesse,
Laissant la modestie et sa belle promesse,
Dévorent l'avenir, et d'un pied méprisant
Montent comme à l'assaut, en foulant le présent ;
Quoique des parvenus la bassesse et la brigue
Provoquent le fougueux à renverser la digue,
Et que, si loin qu'on aille apposer ses regards,
On n'ait dans le passé que de rares vieillards,
Il est encore, il est, pour consoler une âme,
Hors des chemins poudreux et des buts qu'on proclame,
Il est d'humbles vertus, d'immenses charités ;
Des candeurs qu'on découvre et des fidélités ;
Des prières à deux dans les nuits nuptiales ;
Des pleurs de chaque jour aux pierres sépulcrales :
Témoins que rien n'altère, obscurs, connus du ciel,
Souvent du mal croissant le bien perpétuel,

Et qui viennent nous rendre , en secrètes lumières,
Les purs dons conservés , les enfances premières
        De ce cœur humain, éternel !
L'enfance encor, l'enfance a des vœux que j'admire ,
Des élans où la foi revient luire et sourire ,
Des propos à charmer des propos triomphants ,
Et des vieillards aussi, pareils aux saints enfants ,
Ont des désirs , Seigneur, de chanter ta louange ,
Comme un Eliacin dans le temple qu'il range.

. . . .
. . . .

L'autre trait qui me touche , et qu'aux âmes unies ,
Simples et de silence , aux doux cœurs égarés
A tout ce qui connaît le temple et ses degrés ,
A tous ceux qui priaient à douze ans à la messe ,
Et qui pleurent parfois le Dieu de leur jeunesse ,
J'offre en simplicité , regrettant et priant ,
Ce trait vient de l'hospice , où de Chateaubriand
Le vieux nom glorieux s'avoisine au portique ,
Comme auprès d'une croix un chêne druidique.

Le lecteur s'aperçut enfin qu'on ne l'écoutait plus , et il
s'arrêta. J'avais suivi les impressions diverses produites par
cette poésie sur quelques hommes qui étaient là , et qui, par
leur âge et leurs études, avaient dû rester complètement
étrangers à notre nouvelle langue littéraire. Ils n'avaient
pas compris un seul mot. D'abord, ils prêtèrent une grande
attention comme à une nouveauté ; l'un entre autres , je le
vois encore, vénérable vieillard , avait le cou tendu, l'œil
fixe, attendant de bonne foi le rayon lumineux du génie , et
à mesure que les ténèbres et le chaos augmentaient, il en
accusait, sans doute, dans sa modeste simplicité, moins

le poète que son intelligence , hélas ! désormais trop endur-
cie pour se laisser pénétrer par la rosée céleste. D'autres
moins naïfs , et ne comprenant pas davantage , songèrent
un moment à une mystification ; mais le ton sérieux et l'air
convaincu du lecteur ne permettaient pas de s'arréter à une
telle pensée. Enfin, on se détacha peu à peu , et, à la fin, il
n'y avait plus d'attentif que le chef des anciens. Un triom-
phant sourire errait sur ses lèvres. Il fut d'une modération
accablante. Les modernes étaient attérrés. La pièce était
tombée à plat. Il ne fallait plus songer à réhabiliter, ce
soir-là, la *poésie intime*, qui alla se cacher toute honteuse,
dans la poche de son imprudent ami.

Tout *ancien* que je sois, madame, et par mes goûts littéraires et par mon âge, car j'ai trente ans passés , je me per-
mets de faire, à part moi , quelques réserves en faveur de
ce pauvre Ste-Beuve, qui venait d'éprouver un si rude échec.
Je savais qu'à un certain âge, avec une certaine disposition
d'esprit et de cœur, en un moment de rêverie solitaire,
dans un tête à tête rigoureux , cet obscur causeur, malgré
son langage entortillé, pouvait quelquefois être compris et
aller à l'âme. Poète ou critique, Ste-Beuve a des qualités que
je déplore de lui voir gâter , comme à plaisir , par des formes de style étranges , qui , dans cinquante ans , auront
complètement étouffé, comme de mauvaises herbes, le bon
grain semé dans ses livres par son esprit distingué. Oh !
que je voudrais lui dire cela , et que lui, comme vingt autres
que le ciel a doués , devraient un peu plus se placer au
point de vue de la postérité en écrivant. Les œuvres de
l'esprit ne vivent en France qu'à l'aide d'une forme bien
arrétée, aux contours précis et réguliers. Il leur faut une physionomie franche et ouverte. Notre génie national est un
génie radieux. Son front , quelque sublime qu'il soit , n'est
jamais chargé de nuages, et quand il descend dans la pro-

fondeur de la pensée, il y porte toujours sa lumière. Nous assistons depuis trente ans à une nouvelle invasion du Nord. Les Allemands ont passé le Rhin, quand Napoléon n'a plus veillé sur ses bords. La douane impériale, témoin Mme de Staël, traitait, comme de contrebande, toutes les provenances de la littérature germanique. Si quelque idée passait à travers ce cordon sanitaire, c'était à l'aide d'un déguisement. Aujourd'hui, il n'est plus besoin de tant de précautions. Les Pandours se promènent à Paris sur les boulevards. Toute la littérature est envahie, sérieuse ou légère. On nous fait des livres à la mode du seizième siècle, dont les pages sont barriolées de grec, de latin et de français. Au lieu de garder l'érudition pour soi et de s'en nourrir, on l'étale orgueilleusement. On imprime ses notes, au lieu d'imprimer son propre travail. Les matériaux, sans autre soin, deviennent l'œuvre. Tout cela est trop absurde pour durer long-temps. J'ai foi, madame, au vieux génie de la France, et j'espère que, dans quelques années, nous le verrons fièrement se relever, et, de nouveau, chasser ou convertir les barbares.

III.

Digne, le 4 septembre 1841.

Madame,

Nous venons de parcourir la plus grande partie des Basses-Alpes. Hier, nous sommes arrivés de Moustiers. Si je laisse à mon jeune compagnon le soin de vous parler de tout ce que nous a offert de remarquable la vallée de Barcelonnette et les hautes vallées qui touchent au Piémont, avec leur frais gazon émaillé de fleurs ; leurs lacs, et sur la cime des monts, leur neige éternelle, je ne céderai à personne, si j'ai un peu de temps, le plaisir de vous raconter notre dernière course. Il n'y a pas au monde un coin de terre plus gracieux et plus pittoresque que Moustiers. C'est un délicieux paysage : des eaux qui tombent en cascade du haut des plus beaux rochers qu'on puisse voir, sur les pentes de la montagne ; une forêt d'oliviers dont le vert pâle est relevé par des guirlandes dentelées de vignobles ; au bas, de grasses prairies bien fraîches : partout des ruisseaux et des bruits harmonieux ; puis la ville, semée de la façon la plus merveilleuse, à travers ces champs, ces cascades, ces rochers menaçants. Une naïve piété les a enchaînés, et la Vierge, du haut de son sanctuaire suspendu sur les abîmes, semble les retenir et veiller sur les habitants qui dorment pleins de confiance à ses pieds. Si le voyageur rencontrait un pareil tableau à mille lieues de son pays, il serait ravi d'admiration. Mais il en est apparemment des paysages comme des hommes, pour les estimer ce qu'ils valent, il ne faut pas trop souvent les avoir sous les yeux.

J'abandonne à regret, maintenant, ces souvenirs qui sont pour moi très-doux et encore tout vivants dans mon esprit ;

je les abandonne avec la promesse de les reprendre et de
les compléter plus tard, si je puis. J'arrive, Madame, à votre lettre que j'ai trouvée ici, et je viens faire droit aux
aimables réclamations qu'elle renferme.

Mes infinis bavardages sur Digne ne vous ont donc pas
trop ennuyée! Que je reconnais bien là, votre complai-
sante bonté. Mais il y a plus, vous me sommez d'achever un récit commencé, et que j'ai interrompu pour
m'en aller courir par monts et par vaux. Vous me parlez
d'un programme que j'ai donné et qu'il faut bien que je
remplisse. Hélas! mon Dieu, je n'aurais jamais cru qu'un
programme fut chose si sérieuse. J'y aurais regardé à deux
fois, avant de le donner, si j'avais pu prévoir qu'on en pres-
serait la rigoureuse exécution. Les programmes, Madame, il
me semblait que c'était comme les prospectus, auxquels
depuis long-temps, témoin le proverbe, personne ne croit
plus. Mais enfin, puisque vous le voulez, je n'ai plus qu'à
me rendre à votre désir, et je vais achever le récit que je
vous avais promis. Je souhaite que la fin de notre soirée
Bas-Alpine, si tant y a que cette soirée puisse avoir une
fin dans mes lettres, vous intéresse comme le commencement. Par malheur, ces souvenirs sont déjà un peu loin de
moi et à moitié effacés par d'autres souvenirs; je vais pourtant m'efforcer de les rappeler. Mon Journal, du reste, qui
est, vous le savez, mon fidèle compagnon de voyage,
viendra à mon aide. J'y retrouverai les traits principaux.
Les couleurs n'y seront pas peut-être, car d'ordinaire, elles
s'envolent vite; mais enfin, le récit sera plus vrai s'il est
moins orné.

Si je m'en souviens bien, Madame, ma lettre dernière
nous laissait dans le sallon de l'évêché, au beau milieu
d'un tournois littéraire, où la poésie moderne, et surtout la
poésie intime, venait d'être assez rudement, peut-être trop

rudement traitée. Les vainqueurs cependant furent modestes, comme cela convient à des vainqueurs de bonne compagnie. Heureusement, cette modestie eut les justes bornes que la complaisance doit y mettre, et quelques-uns de ces messieurs nous récitèrent des vers, et même des vers *du cru*, dont je regrette que mon Journal n'ait rien su conserver. M. G*** fut le premier; M. G*** qui maintenant, dit-on, tient ici d'une main également ferme, la balance de la justice et la plume du philosophe, et dont l'esprit essentiellement transcendant, se promène volontiers sur la cime des plus hautes théories métaphysiques; M. G*** qui, à l'heure qu'il est, ne sacrifie plus qu'aux divinités les plus sévères de l'Olympe : à Thémis, à Minerve, sacrifia autrefois aux Grâces. Au fond de ces vallées, il cultiva la poésie pastorale, dont il trouvait les couleurs sous sa main. Avec l'aide de Virgile et un peu de bonne volonté, il habilla en Tityre et en Palémon ses bergers des Alpes. Vous auriez pu lire, Madame, une traduction en vers français des Eglogues, qui est l'œuvre de sa jeunesse. M. G*** eut la bonté de nous en réciter quelques fragments, et, aux premiers sons du chalumeau, nous retrouvâmes tous les trésors de naïveté et d'harmonie qu'une âme bucolique peut renfermer.

Après le poète émérite, voici le poète futur. Je demande pardon à M. Léon T... de cette expression, que l'antithèse, presque aussi exigeante que la rime, amène sous ma plume, mais qui ne rend pas toute ma pensée. Je le tiens, moi, dès cet instant, pour un vrai et très-pur poète; mais tant qu'il gardera en portefeuille les titres sur lesquels doit s'établir sa réputation, il n'y aura pas moyen d'orner officiellement sa tête du laurier d'Apollon.

Nous apprîmes donc là que M. le Préfet travaillait depuis long-temps à une traduction de la Pharsale de Lucain.

L'œuvre même serait achevée et publiée, peut-être, si les affaires et les sollicitudes administratives n'avaient enlevé l'auteur à sa première vocation. Le budget a son bon côté, mais il n'est pas très-littéraire de sa nature, et les chemins vicinaux, voire même ceux de grande communication, sont de rudes chemins de traverse pour arriver à l'Hélicon. Mais enfin, ce soir là, douces heures trop tôt passées, on oubliait les pénibles labeurs cachés dans les cartons; la voix importune des orateurs du conseil, ce cauchemar annuel des préfets, se taisait; les ténèbres les plus épaisses dérobaient même aux regards la sombre officine administrative dont les flancs récèlent tant d'ennuis, et l'on s'abandonnait doucement au courant poétique, bercé par les souvenirs du passé les plus harmonieux.

Je regrette, Madame, que vous ne puissiez guère connaître la Pharsale, si ce n'est par les traductions médiocres, soit en vers soit en prose, qui en ont été faites. Le jeune et infortuné poète de Cordoue méritait d'avoir un meilleur interprète que Brébeuf, bien que l'œuvre de Brébeuf, quoiqu'en veuille faire croire Boileau, ne soit pas sans mérite. Il faut songer que Lucain est mort à 27 ans. Néron, jaloux de ses succès poétiques, ne lui permit pas de vivre plus long-temps. Par son funeste destin, sinon par les qualités de son génie, il rappelle un peu notre André Chénier : tous deux moururent jeunes, tous deux victimes des cruelles susceptibilités de la tyrannie, tous deux, pauvres cygnes harmonieux, en chantant leurs plus beaux vers. Seulement, entre l'ignoble couteau sous lequel tomba la tête du jeune poète français, et le bain tiède, où les veines ouvertes, expira Lucain, il y a toute la différence de deux époques, qui ne se ressemblent que par les forfaits. Néron aurait été de trop bonne compagnie pour les membres du comité du salut public. Et les anciens, qui mettaient une certaine gloire à tomber avec grâce et à mourir élégamment, n'auraient jamais ni imaginé ni souffert la guillotine.

La Pharsale n'est donc pour ainsi dire qu'une ébauche. Ce que le vers de Lucain a quelquefois de trop enflé, vient de l'âge, et l'âge l'eut facilement corrigé, mais ses beautés du premier ordre, les pensées sublimes qu'on rencontre dans son poëme, ne peuvent venir que d'un génie très-élevé. Ce génie n'a pas encore obtenu parmi nous la place qui lui appartient. Et c'est merveille que notre époque littéraire, qui a, avec celle de Lucain, plus d'un trait de ressemblance, ne se soit pas sentie entraînée vers lui par de plus vives sympathies. Je pense que le travail de M. L. T,..., si jamais il s'achève, pourra, à en juger par les fragments que nous avons entendus, réhabiliter la Pharsale. Sa traduction est élégante, sans cesser d'être scrupuleusement fidèle. Ses vers ont de la chaleur et de l'éclat, et dans les endroits où la grandeur tend à devenir de l'enflure, il a su ramener la pensée ou l'image aux proportions marquées par le bon goût.

Voici un extrait que je retrouve sur mon Journal. Un de nos amis l'a obtenu de la complaisance de l'auteur. Il donnera une idée de sa traduction. J'ai demandé ce morceau parce qu'il contient une description de la Gaule romaine. Il n'est pas des plus brillants, mais il montre très-bien, à mon avis, les heureux efforts que le traducteur a faits pour rendre, d'une manière toujours élégante et poétique, les détails de la Pharsale qui s'y prêtaient le moins.

(César, prêt à marcher sur Rome, rappelle ses légions des diverses villes de la Gaule où elles étaient cantonnées).
(Pharsale de Lucain Livre I, v. 396).

Près de lui (*César*), cependant accouraient se ranger
Tant de soldats laissés aux bords de l'étranger.
Les uns ont du Léman déserté les rivages;

D'autres sont descendus de ces Vosges sauvages
D'où leur camp, des Lingons (1) dominant la cité,
De ce peuple inquiet surveillait la fierté.
Ceux-là font leurs adieux à la rive féconde
Où court en longs replis l'Isère vagabonde;
Fleuve obscur qui se perd dans des flots plus fameux,
Et, sans nom, dans les mers, va tomber avec eux.
Du joug qui l'accablait le Ruthénois (2) respire.
Ce fleuve qui commence où finit notre empire,
Le Var, l'Aude paisible ont vu fuir des vaisseaux
Dont la présence hostile importunait leurs eaux.
Liberté, tu venais sur ces roches profondes,
Qui des mers dans leurs flancs emprisonnent les ondes :
Ce port sacré d'Hercule où, seul tyran des flots,
Mugit le circius, effroi des matelots.
Elle renaît encor sur la plage incertaine
Dont la terre à Thétis dispute le domaine,
Soit que la vague au loin l'inonde en bondissant,
Soit que le flot calmé recule en décroissant.
Problème inexplicable! imposant phénomène !
Eole est-il le Dieu dont la puissante haleine
Fait tour à tour bondir et retomber les mers?
L'astre mouvant des nuits, dans ses retours divers,
A sa fièvre éternelle a-t-il soumis l'abîme?
Ou, pour mieux aspirer l'onde qui le ranime,
Le soleil, les frappant de ses traits radieux,
Fait-il monter les flots jusqu'aux palais des cieux ?
Répondez, expliquez cette énigme profonde
Vous, qu'émeut noblement le grand travail du monde;
Pour moi, dors à jamais, penser mystérieux,
Dans l'ombre impénétrable où t'ont caché les Dieux.

(1) Les Habitants de Langres. (2) Ceux de Rouergue.

Des champs de Némausus (1) à ces bords où, paisible,
L'Océan à l'Adour ouvre un abri flexible,
L'aigle s'agite et part. Affranchis d'un long deuil,
Vingt peuples ont repris leur glaive et leur orgueil :
Le Soissonnais, léger sous le poids de sa lance ;
Le Rhénois (2) dont le trait comme un éclair s'élance ;
Le Santon (3) belliqueux ; ces guerriers aux longs dards,
Qui de l'antique Bourge habitent les remparts ;
L'ardent Séquanien (4) dont le bras intrépide,
Dans un cercle prescrit lance un coursier rapide ;
Le Belge, adroit pilote ; et cet Arverne (5) encor
Qui se dit notre frère et né du sang d'Hector.
Et vous, ô Nerviens (6), peuple impie et rebelle
Dont la mort de Cotta souilla la main cruelle ;
Vous aussi Vaugions (7) à qui le scythe altier
Transmit avec ses mœurs son vêtement guerrier.
Déjà dans les marais du batave sauvage
Le clairon à sonné la fin de l'esclavage.
La Cinga dont les flots forment mille détours,
Le Rhône impétueux qui, d'un rapide cours,
S'en va porter la Saône en tribut à Neptune,
Retentissent partout de l'ivresse commune ;
Et, sur le Gébenna (8) vole, au loin répété,
De rochers en rochers le cri de liberté.

Trève encore applaudit au départ de la guerre.
Et toi, qui des Gaulois fut le plus beau naguère,
Avant que l'or touffu dont s'ombrageait ton front
De l'acier destructeur eut éprouvé l'affront,

(1) Le pays de Nîmes. (2) Les Habitants de Rheims.
(3) Ceux de la Saintonge. (4) Les Bourguignons. (5) Les Auvergnats. (6) Les Habitants du Hainaut. (7) Les Alsaciens.
(8) Les Cévennes.

Peuple Ligurien; et vous, dont la furie
Egorge les humains sur un autel impie,
D'Hésus, de Teutatès adorateurs tremblants,
Vous que Taramis traîne à ses banquets sanglants,
On vous voit de nouveau, sur le marbre homicide,
Surpasser les horreurs des monts de la Tauride.
O chantres des héros au combat moissonnés,
Vous qu'enflamme la gloire et qui la couronnez,
Bardes mélodieux! muet au bruit des armes,
Votre luth désormais peut chanter sans alarmes!
Vous reprenez en paix, Druides inspirés,
Et vos rites affreux et vos forfaits sacrés,
Vous qui, parmi les Dieux, prétendez seuls nous dire
Ceux qu'il faut adorer et ceux qu'il faut maudire.
Dans des bois reculés, loin du bruit et du jour,
Vos déités de sang ont caché leur séjour.
Faut-il à vos accords ajouter foi? les ombres
Ne peuplent point l'Erèbe et les abîmes sombres,
Mais l'âme, obéissant à de secrets ressorts,
Dans des mondes nouveaux va ranimer les corps,
Et, si la vérité dans vos chants se révèle,
La mort est le milieu d'une vie immortelle!
Noble erreur! peuple heureux au sein de ses frimats!
Des maux le plus amer, l'angoisse du trépas
N'a jamais approché de son âme intrépide.
De là ce dévouement, cette audace rapide,
Ces cœurs sachant mourir, et la honte au guerrier
Qui doute assez des Dieux pour trahir son laurier!

Tandis que M. le Préfet nous lisait ses vers avec le même
feu qu'il avait mis à les composer, j'avisai un vieillard qui,
sans égard pour la Pharsale et son traducteur, s'était en-
dormi profondément. Vous savez, Madame, que les anciens

avaient coutume de soutenir la déclamation par une sorte
de musique; j'entendis aussi quelque chose de semblable,
et la tête grise du vieillard, courbée sur sa poitrine, faisait
entendre des bruits qu'on pouvait prendre pour un accom-
pagnement, quoiqu'ils ne fussent pas très-harmonieux.
L'assemblée ne faisait pas attention à ce charmant tableau
parlant, et, à un léger sourire de mon voisin, je vis que
nous étions, lui et moi, seuls à en jouir. Nous nous rappro-
châmes alors instinctivement l'un de l'autre, par ce mouvement sympathique qui fait que deux âmes qui s'entendent et
qui sont occupées du même objet, veulent se communiquer
leurs impressions.

Mon voisin était un jeune ecclésiastique, qu'à ses manières distinguées, à la part très-active qu'il avait prise à la
discussion littéraire qui venait de finir, et surtout à ses ten-
dances quelque peu modernes, je jugeai, sans crainte de
beaucoup me tromper, devoir être le secrétaire de l'Evêché.
Il faut vous dire, Madame, que le secrétaire d'Evêché, en
général, et c'est une remarque que j'ai déjà eu occasion de
faire bien souvent, tel que depuis trente ans les circonstances l'ont fait, offre à l'observateur un type tout à fait à part
dans notre clergé contemporain.

Le secrétaire d'Evêché, aujourd'hui, ne ressemble en
rien surtout à son collègue d'autrefois. Celui-ci était l'image
vivante du passé et le défenseur né des vieilles traditions;
antique et vénérable comme une formule de Marculfe,
il faisait du *Decret* son étude favorite, et lisait, pour
se distraire, le Notaire apostolique. Sa vie était toute entière enfermée dans son registre des insinuations. Le secrétaire d'Evêché est maintenant bien différent. Il a secoué
la poudre des siècles; il a renoncé au Grimoire; il a appris
le français aux vieux diplomes des chancelleries épiscopales.

Le secrétaire d'Evêché de notre temps est pour l'ordinaire

jeune, gai, vif, aimable ; on l'accuse d'être un peu malin, et de médire quelquefois des ordonnances qu'il rédige et qu'il contresigne sans beaucoup de responsabilité. Avec lui la politique est entrée dans le secrétariat. Il lit plusieurs journaux. Il est abonné à l'*Université catholique*, et il n'est pas impossible qu'on trouve même sur son bureau, la *Revue des deux Mondes*.

Car le secrétaire d'Évêché est aujourd'hui essentiellement littérateur et même écrivain, sans calembourg. Il envoie des articles à la feuille locale et même quelquefois aux grandes feuilles de Paris. Sa science favorite est l'archéologie. Il adore le gothique. Il déteste le marguillier. Il a le badigeon en horreur. Il sait, à un jour près, l'âge de tous les monuments. C'est d'ailleurs l'homme des idées et du progrès, et le correspondant obligé de toutes les entreprises sociales, philosophiques et littéraires qui naissent chaque jour pour améliorer les destinées de l'avenir et changer la face du monde.

Tel était, ou bien tel devait être l'aimable voisin que le ciel m'envoyait. « Ce vieillard qui s'endort là, et qui se montre si peu sensible aux charmes de nos muses alpestres, me dit-il de son ton le plus naturel, moitié railleur, moitié sérieux, n'est pas certes un homme ordinaire. Il a trouvé le souverain remède aux maux qui désolent l'humanité. Si le monde voulait l'en croire et se fier tant soit peu à lui, bientôt il regorgerait de bonheur, et les fleurs du Paradis repousseraient dans cette vallée de larmes. Son système est simple, facile, et les résultats en sont certains. Il l'a déjà exposé à Paris, dans des leçons publiques qu'il fut obligé de suspendre faute d'auditeurs. Hélas ! cette pauvre société est si malade, qu'elle ne désire plus même sa guérison, et qu'elle tourne le dos au médecin qui fait deux cents lieues pour venir lui parler de remède. Il y a bien là de quoi désespérer, en vérité, tous les nouveaux Messies tombés du ciel depuis dix ans. Pour moi, je comprends ce pauvre Dieu Saint-Simon se brûlant la cervelle. Notre compatriote, comme vous voyez, a été plus patient et plus sage. Il est revenu planter ses choux dans une très-belle terre qu'il possède dans nos montagnes. Seulement, pour payer sa dette à l'humanité, toute aveugle et sourde qu'elle soit, et pour ne pas risquer d'emporter dans la tombe son plan de régénération, il a publié un livre qui renferme toutes ses grandes et fécondes idées. Après quoi, il s'est dit, qu'en attendant l'ère nouvelle que son système doit amener, soit que ce beau jour se lève durant sa vie, et qu'il lui soit donné d'en jouir, soit qu'il ne brille qu'après sa mort, comme un homme dont la tâche est finie, il peut dormir tranquillement. »

« Je le vois bien, lui dis-je, et je comprends parfaitement qu'une tête qui porte tout un monde nouveau d'idées, puisse de temps en temps succomber sous son noble fardeau. Je comprends surtout, qu'un homme préoccupé de tous ces graves intérêts de l'avenir, n'a rien de mieux à faire que de sommeiller, s'il peut, quand il voit ses semblables s'amuser à de vaines discussions, perdre leur temps en de frivoles causeries, comme nous le faisons ici depuis deux heures, et au lieu de l'écouter, se mettre à écouter des poètes qu'à l'exemple de Platon. il a peut-être chassé de sa république. Mais je ne comprends pas aussi bien, ce que fait ici votre grand socialiste, et ce qu'il peut y avoir à gagner pour lui avec des théologiens et des littérateurs. »

« Vous oubliez donc, me répondit mon voisin, que le premier besoin de tout homme qui a une idée fixe ou non, bonne ou mauvaise, c'est de la communiquer. Le proselytis-me va de sa nature à temps et à contre temps. Je le savais bien, et je n'ai pas douté un instant que M. Reybaud-L., car c'est lui, Monsieur, que vous avez devant les yeux, et ce nom vous est sans doute connu?

« Je fus forcé de faire l'aveu de ma profonde et coupable ignorance. »

« Il est vrai, reprit-il, que son homonyme, M. L. Reybaud a eu le tort de ne pas le faire figurer dans le livre qu'il vient de publier sur les socialistes modernes. Son nom, je vous l'assure, trouvait très-bien sa place à côté de celui de Saint-Simon, de Fourrier, etc. Mais ce M. L. Reybaud est aussi un peu notre compatriote, et vous le savez, on n'est jamais trahi que par les siens. Donc, pour revenir, je ne doutais pas que notre M. Reybaud L. ne consentit volontiers, dans l'intérêt de son système, à venir l'exposer devant une réunion si éclairée, quoiqu'à ses yeux peut-être si peu compétente. C'est moi qui lui en ai fait la proposition, et, comme je le prévoyais, elle a été aussitôt acceptée. Le voilà donc, attendant son tour de parler, et l'heure où tous ses frivoles esprits, ayant jeté, comme des feux d'artifice, leurs brillantes étincelles au vent, le moment des graves discours commencera. Il s'attend à de grandes clameurs et à un feu roulant d'objections. Et l'on sait s'il se trompe sur ce point. Mais son courage n'est pas ébranlé. Il a en ses idées une complète confiance. Je suis sûr que dans ce moment il rêve délicieusement de quelques-unes de ces théories réalisées, et vous verrez qu'à l'heure du combat, il faudra, comme pour Condé devant Rocroi, *tirer de son sommeil cet autre Alexandre.* »

Mon cher voisin disait vrai. Les derniers sons de la lyre venaient à peine d'expirer, qu'on sonna la charge contre M. Reybaud-L. à qui dix voix à la fois demandèrent l'exposition de sa théorie sociale.

J'espère, Madame, que vous ne me croyez pas capable de venir vous retracer ici, dans tous ses détails, le plan qui fut déroulé à nos yeux. Il repose, au reste, comme toutes les utopies de nos socialistes modernes, sur deux bases principales :

1ᵒ Abolition de la propriété individuelle, à laquelle on devra substituer la propriété collective.

2ᵒ Absorption de la famille dans la communauté.

Accordez à ces Messieurs, s'il vous plaît, ces deux petits points, et aussitôt tout change dans l'univers. Les vices s'effacent, les crimes deviennent impossibles, les félicités sont sans borne, sur la terre coule de nouveau le lait et le miel, et nous nous retrouvons, comme par enchantement, dans le meilleur des mondes possibles.

M. Reybaud-L. fait une tribu du Phalanstère de Fourrier. Il a eu le bon sens de ne pas pousser jusqu'aux dernières limites le principe de la communauté. Dans son système, le mariage n'est pas aboli. Il fera même un peu de place, si l'on veut, à la religion. Son but est de nous ramener au patriarcat primitif; mais il se réserve, bien entendu, le soin d'en compléter l'idée, et de donner à cette forme sociale, qui était dans l'enfance sous Abraham, toute la perfection dont elle est susceptible.

On demandait à notre socialiste ce qu'il ferait, dans sa tribu, des paresseux et des voleurs. Il répondait sans peine que les paresseux seraient mis au pain et à l'eau, et qu'il n'était pas possible qu'il y eut des voleurs dans un état de choses où le *tien* et le *mien* n'existeraient pas.

Tous ces utopistes malades sont les mêmes : toujours ils partent d'un principe dont l'expérience démontrerait seule la fausseté, quand même le christianisme ne le ferait pas. Ils supposent que l'homme est parfait, et que c'est uniquement l'état social au milieu duquel il vit, qui le dégrade. Quand ils se mettent donc à régler pour lui un état meilleur, ils ne tiennent nul compte des imperfections et des vices de sa nature, et ils bâtissent ainsi dans les airs un édifice impossible.

Tout ce qu'il y a de bon dans leurs idées, le christianisme est en droit de le révendiquer pour lui. Avant eux, il a réalisé la communauté, en lui assignant des bornes raisonnables, au delà desquelles on ne peut pas aller. Avant eux, il a poussé à l'association pour le bien, et il a condamné l'égoïsme, l'avarice et l'isolement. Qu'on dise un progrès véritable que le christianisme ne puisse pas réaliser, qu'on assigne un vice social qui résiste à l'application véritable de ses doctrines, alors il sera permis de chercher hors de lui les biens qui nous manquent, et la guérison des maux pour lesquels il sera reconnu impuissant. Il y a plus, le problème de la distribution du travail et de l'équitable répartition des richesses, vaste question qui porte dans son sein les destinées de l'avenir, ce problème n'a une solution possible que dans cette religion de charité, qui nous montre un frère dans chaque homme, qui promet un prix immortel à nos labeurs d'un moment, et dont le premier, l'unique précepte est le précepte de l'amour....

Telles furent les idées qu'opposa aux vaines théories modernes, un jeune économiste qui jusques-là était resté fort silencieux. Il les développa avec beaucoup de netteté, de force et de raison. Il y ajouta de nombreux détails qui m'échappent, mais ce dont je me souviens bien, c'est qu'il avait l'air d'être bien plus fort sur ces matières que son adversaire. J'appris en effet que mon économiste chrétien était M. R. d'Arles, dont le nom est connu par des travaux solides, et qui étudie nos plaies sociales, sans perdre jamais de vue ni l'Evangile ni le cœur humain.

Au reste, Madame, je ne sais vraiment pourquoi on regarde comme modernes, ces systèmes qui, depuis quelques années, se sont montrés sous le soleil.

5

Il n'y a rien au contraire, de plus vieux que ces erreurs et ces rêveries. De tout temps, il y a eu des esprits absurdes ou follement sublimes, qui en ont cherché la réalisation, et j'ai découvert par hasard, ici même, qu'Aristophane, il y a plus de deux mille ans, les livrait sans pitié à la risée des Athéniens.

La chose vaut peut-être mieux la peine de vous être comptée que toutes ces balivernes socialistes qui précèdent. Vous saurez donc, Madame, que selon ma louable habitude, ayant un peu cherché à bouquiner à Digne, comme partout, je trouvai à acheter, pour 3 fr. 50 cent., sur le cours Gassendi, chez Repos, le plus renommé des Imprimeurs-Libraires de ces montagnes, un Aristophane tout neuf, de ces jolies éditions que Charpentier a répandues partout, en ayant l'esprit de les mettre à la portée de toutes les bourses. Vous saurez en outre, Madame, que selon une autre habitude, moins louable que la précédente, je ne puis jamais m'endormir le soir sans lire, ne fusse que quelques pages, entre mes rideaux.

Donc ce soir-là, quand je fus rentré au logis, la tête encore pleine de toutes les admirables choses que j'avais entendues, et dont je ne vous ai conté qu'une partie, j'avais besoin, plus que les autres jours, du dictame assoupissant. J'eus recours à mon Aristophane, que je n'avais plus revu depuis le collège. C'est vous dire que nous ne nous étions pas quittés trop bons amis, et je l'avais acheté précisément pour essayer avec lui une tardive réconciliation. Je tombai juste sur sa comédie des Harangueuses, et je fus saisi d'un fou rire qui éloigna long-temps le sommeil de mes yeux, en lisant la scène que voici; mais avant, laissez-moi vous dire le sujet de la pièce.

Les Dames d'Athènes se mettent un jour en tête de faire une révolution, mais une révolution complète, ce qu'on appellerait aujourd'hui une révolution sociale. Elles se déguisent en hommes, prennent des barbes postiches, dérobent les manteaux de leurs maris, et sous ce costume, elles vont de grand matin à l'assemblée du peuple, ayant à leur tête Praxagora, intrépide virago, type parfait de la femme libre, qui a dû se perdre en Orient, puisque les Sainsimoniens ne l'y ont plus retrouvé. Par ce moyen, nos Athéniennes se rendent facilement maîtresses de la majorité, et font aussitôt porter un décret qui les investit du gouvernement de la république. Elles établissent ensuite une constitution fondée sur la communauté des biens, des femmes et des enfants. La pièce est une vive parodie de la République de Platon, et des utopies de ce genre, mises en avant par d'anciens philosophes, et que de modernes fous prennent aujourd'hui au sérieux.

Praxagora défend le système, et répond à toutes les objections qu'on lui fait, aussi intrépidement que le premier socialiste de nos jours.

La scène se passe au logis de Praxagora, entre elle et son mari Blepyrus, au retour de l'assemblée.

Blepyrus. Hé! d'où viens tu, Praxagora?

Praxagora. Qu'est-ce que cela te fait, mon cher?

Blepyrus. Ce que cela me fait? La belle question! Où t'es-tu donc enfuie si matin, avec mon manteau?

Praxagora. Une femme de mes amies, en mal d'enfant, m'a envoyé chercher cette nuit.

Blepyrus. Ne pouvais-tu me prévenir?

Praxagora. Fallait-il abandonner une femme en couche, dans un besoin si pressant?

Blepyrus. Il fallait au moins me le dire. Il y a quelque chose là-dessous.

Praxagora. Non, par les déesses! j'y suis allée comme j'étais. Elle me priait de venir en toute hâte.

Blepyrus. Eh bien, ne devais-tu pas prendre tes vête-ments? Au lieu de cela, tu emportes les miens, et tu me jettes ta robe; puis tu me laisse-là comme un mort que l'on expose; si ce n'est que je n'avais près de moi ni couronne, ni fiole à parfums.

Praxagora. Il faisait froid; je suis faible et délicate: je me suis enveloppée, pour me tenir chaudement. Je te laissais au lit dans une douce chaleur, et bien couvert.

Blepyrus. Mes souliers aussi sont partis avec toi; et le bâton, qu'en voulais-tu faire?

Praxagora. C'est pour défendre le manteau que j'ai changé de chaussure; à ta manière, je faisais du bruit en marchant, et je frappais les pierres avec le bâton.

Blepyrus. Sais-tu bien que tu as perdu un sétier de blé, que j'aurais gagné à l'assemblée?

Praxagora. Ne t'en mets pas en peine; elle a fait un beau garçon.

Blepyrus. L'assemblée?

Praxagora. Non: la femme chez qui j'ai été. Est-ce que l'assemblée s'est tenue?

Blepyrus. Sans doute. Ne te souviens-tu pas que je te l'avais dit hier?

Praxagora. Je me le rappelle maintenant.

Blepyrus. Tu ne sais donc pas ce qui y a été résolu?

Praxagora. Vraiment non.

Blepyrus. Tu peux rester tranquille à manger des sèches. On dit que la république est remise entre vos mains.

Praxagora. Pourquoi faire? pour filer?

Blepyrus. Non, pour gouverner.

Praxagora. Quoi?

Blepyrus. Tout ce qui concerne les affaires de l'état.

Praxagora. Par Vénus! la république jouira désormais du bonheur.

Blepyrus. Comment cela ?

Praxagora. Pour mille raisons. Le crime n'osera plus la souiller ; plus de faux témoignages, plus de délations.

Blepyrus. Au nom des dieux, arrête ; ne va pas m'enlever mon pain.

Le Chœur. Mon cher, laisse parler ta femme.

Praxagora. On ne volera plus, on ne portera plus envie à son prochain ; plus de pauvreté ni de misères, plus d'injures ; le débiteur ne donnera plus de gages.

Le Chœur. Par Neptune ! voilà de grandes promesses, si ce ne sont pas des mensonges.

Praxagora. Je les réaliserai : tu me rendras justice, et celui-ci sera réduit au silence.

Le Chœur. Voici le moment d'éveiller ton espoir fécond en ressources, et ta sollicitude pour les intérêts du peuple, toi qui sais les moyens de servir tes amies. C'est dans l'intérêt de la prospérité générale qu'il faut déployer cette intelligence habile qui assure à un peuple civilisé toutes les jouissances de la vie, et lui montre ce qu'il est capable de faire. Voici le moment : notre république a besoin d'un plan sagement conçu. Mais n'essaie rien qui ait déjà été pratiqué ou proposé ; car tout ce qui est ancien les ennuie. Ne tarde point ; développe vite tes idées ; car la promptitude est ce qui plaît surtout aux spectateurs.

Praxagora. Je suis sûre de l'excellence de mes conseils ; mais les spectateurs goûteront-ils les innovations ? Ne seront-ils pas trop attachés aux anciens usages ? voilà ce qui m'inquiète.

Blepyrus. Rassure-toi à ce sujet ; l'amour des nouveautés, et le dédain des anciens usages, c'est là notre premier mobile.

Praxagora. Que personne ne me contredise et ne m'interrompe, avant de connaître mon projet et de m'avoir en-

tendue. Je dis d'abord que tous les biens doivent être en
commun , et que chacun doit en avoir sa part pour vivre ;
il ne faut pas que l'un soit riche , et l'autre misérable ; que
l'un possède de vastes domaines , et que l'autre n'ait pas de
quoi se faire enterrer; que l'un traîne avec lui une foule
d'esclaves, et que l'autre n'ait pas un seul serviteur ; enfin
j'établis une vie commune , la même pour tous.

Blepyrus. Comment sera-t-elle commune pour tous?

Praxagora. Voici ce que je veux dire : je mettrai en
commun les terres, l'argent, toutes les propriétés. Avec tous
ces biens réunis, nous vous nourrirons, en partageant tout
soigneusement et avec économie.

Blepyrus. Et celui qui ne possède pas de terres, mais de
l'argent, des dariques , toutes richesses mobilières ?

Praxagora. Il les apportera à la masse; et s'il y manque,
il sera parjure.

Blepyrus. C'est par le parjure qu'il les a gagnées.

Praxagora. Mais elles ne lui seraient bonnes à rien.

Blepyrus. Comment donc ?

Praxagora. La pauvreté ne commandera plus aucune
action; tout appartiendra à tous; pains , salaisons, gâteaux,
tuniques , vin , couronnes, pois chiches; quel profit y aurait-
il à ne pas déposer sa part dans la communauté? Dis ce que
tu en penses.

Blepyrus. Ceux qui possèdent toutes ces choses ne sont-
ils pas eux-mêmes les plus grands voleurs?

Praxagora. Autrefois, sans doute, avec nos anciennes
lois. Mais aujourd'hui que tout sera en commun , que servira de ne pas apporter sa part ?

Blepyrus. Mais qui cultivera la terre?

Praxagora. Les esclaves. Tu n'auras autre chose à faire
que d'aller manger , lorsque l'ombre du cadran sera de dix
pieds.

Blepyrus. Et les vêtements? je voudrais savoir comment on s'en procurera.

Praxagora. Vous userez d'abord ceux que vous avez : par la suite nous vous en ferons d'autres.

Blepyrus. Encore une question. Si un citoyen est condamné à une amende, où prendra-t-il de quoi la payer ? Il n'est pas juste que ce soit sur le trésor public.

Praxagora. Mais d'abord il n'y aura pas de procès.

Blepyrus. Que de gens cela va ruiner !

Praxagora. Je l'ai décidé ainsi. Et, en effet, à quel sujet y en aurait-il ?

Blepyrus. Pour mille causes ; par exemple, si l'on nie une dette.

Praxagora. Mais si tout est en commun, où le prêteur prendra-t-il de l'argent, pour le prêter à intérêt ? Ce serait nécessairement un voleur.

Le Chœur. Par Cérès ! tes raisons sont excellentes.

Blepyrus. Réponds à ceci : les hommes qui dans l'ivresse battent les passants, avec quoi paieront-ils le dommage ? Ceci t'embarrasse, je crois.

Praxagora. Avec la portion qu'ils devaient manger (1). L'agresseur, ainsi réduit à jeûner, sera peu pressé de renouveler l'insulte.

Blepyrus. Il n'y aura plus de voleur ?

Praxagora. Que volerait-on, puisqu'on aura sa part de toutes choses.

Blepyrus. On ne sera plus dépouillé la nuit ?

Praxagora. Non, soit que vous couchiez chez vous ou dehors, comme auparavant ; car tout le monde aura de quoi vivre : si on vous dépouille, vous céderez vos habits de

(1) A Lacédémone, où les repas se faisaient en commun, ce genre de punition était usité, selon Athénée, liv. III.

bonne grâce. Car à quoi bon résister? vous en recevrez de meilleurs sur le fonds commun.

Blepyrus. Il n'y aura plus de jeux de hasard ?

Praxagora. Que gagnerait-on à jouer?

Blepyrus. Quel est le plan de vie que tu veux établir?

Praxagora. Une communauté parfaite. Je veux faire de la ville entière une seule et même habitation, où tout se tiendra, de sorte que l'on passe librement de l'un chez l'autre.

Blepyrus. Et les repas, où se feront-ils?

Praxagora. Les tribunaux et les portiques deviendront autant de salles à manger.

Blepyrus. A quoi servira la tribune?

Praxagora. J'y placerai les cratères et les cruches d'eau; de jeunes enfants y chanteront la gloire des braves et l'opprobre des lâches, pour que la honte éloigne ceux-ci du festin.

Blepyrus. Par Apollon! voilà qui est fort bien. Et les urnes qui servent à tirer au sort, où les mettras-tu?

Praxagora. Je les mettrai sur la place publique; là, debout, près de la statue d'Harmodius, je tirerai au sort tous les noms, jusqu'à ce que chacun sache à quelle lettre le sort l'envoie dîner. Le héraut criera à ceux qui auront le *béta*, de se rendre au portique basilique; à ceux qui auront le *théta*, d'aller au portique dont le nom commence par cette lettre; à ceux du *kappa*, de s'assembler au portique où se vend la farine.

Blepyrus. Pour s'empifrer.

Praxagora. Non, mais pour y dîner.

Blepyrus. Et celui à qui le sort n'aura pas désigné de lettre pour aller dîner, sera-t-il éconduit partout?

Praxagora. Il n'en sera pas ainsi chez nous. Chacun aura de tout en abondance, et se retirera ivre avec sa torche et sa couronne.

Comment trouvez-vous, Madame, ma citation? Elle est
longue, mais ne contient-elle pas une assez piquante réfu-
tation de tous ces sytèmes prétendus nouveaux, qui, depuis
quelques années, se sont présentés pour nous régénérer par
brevet d'invention? Et Aristophane ne se moque pas seulement de la communauté des biens, il fait rire aussi aux dé-
pens de la communauté des femmes et des enfants. Mais
ici, il n'y a pas moyen de citer, parce qu'il n'y a pas
moyen de lire. Quel public que celui devant lequel on pouvait plaisanter sur un pareil ton! Nos plus mauvais théâtres,
quelle que soit leur immoralité, ne supporteraient pas, je
crois, la représentation de la plus chaste pièce d'Aristophane. J'avais lu quelque part que Saint Jean-Chrysostôme
avait toujours à son chevet ce prince des comiques grecs.
C'est Alde-Manuce qui dit cela, et je ne sais où il l'a trouvé.
Pour moi, je me hâtai de le rejeter loin du mien, très-con-
vaincu que mon savant Helléniste Vénitien s'était trompé.
Quelle que soit la finesse attique et l'élégance de l'auteur des
Harangueuses, les obscénités dont ses pièces sont remplies,
font tomber le livre d'une main chrétienne, et elles n'ont
jamais pu permettre à un saint d'en faire sa lecture favorite.

Je reviens, Madame, à notre socialiste, qui n'est pas trop
moderne, comme vous voyez; je reviens à lui, mais uniquement pour en prendre congé.

Il était neuf heures à la pendule du salon de l'évêché, et
vous le savez, nous avions encore une soirée qui nous attendait. Il me semblait que c'était bien tard pour nous y rendre,
car enfin nous étions à Digne et non pas à Paris; mais
notre ami nous rassura complètement. Il paraît en effet que
la Capitale Bas-Alpine se donne quelquefois des airs de
l'autre, et notamment en ceci. Les soirées commencent et
finissent tard. Profitant donc d'un moment où le feu de la
discussion était très-vif, et où les objections tombaient plus

épaisses et plus bruyantes encore que de coutume sur ce
pauvre système, qui suait sang et eau pour répondre, tant
bien que mal, nous opérâmes notre retraite sans être quasi
aperçus.

Nous voilà de nouveau dans les rues de Digne, guide et
fanal en tête, comme ci-devant ; et marchant paisiblement
à la découverte de notre concert, qui était allé se loger tout
juste à l'autre extrémité de la ville.

Dans une précédente lettre, Madame, il me semble que je
vous avais dit que les réverbères étaient encore inconnus à
Digne. C'était une erreur, que je m'empresse de réparer,
puisque j'en ai l'occasion. Il y a des reverbères, je les ai vus
de mes propres yeux pendant le jour; mais il paraît que les
fonds manquent pour les allumer pendant la nuit; et si ce
qu'on m'a rapporté est vrai, je souhaite, à mes risques et
périls, que ces fonds manquent long-temps encore. *Quelques
amis des lumières* avaient proposé, dit-on, d'entretenir les
reverbères avec l'argent que la ville donné aux Frères des
écoles chrétiennes. Heureusement, la motion des partisans
des lanternes fut repoussée ; et il a été reconnu qu'il valait
encore mieux éclairer les intelligences que les rues. Quand
il sera possible, cependant, d'éclairer les rues et les intelligences, les choses n'en iront que mieux.

Nous faisions cette réflexion philosophique, inspirée par
les circonstances, quand le son du piano vint nous annon-
cer que le concert que nous cherchions n'était pas loin.
Arrivé à la porte du salon, nous nous arrêtâmes involon-
tairement de surprise, pour écouter une des plus belles voix
qu'il soit possible d'entendre. non pas à Digne seulement,
mais à Paris même. Vous êtes étonnée, Madame, vous
croyez que je me moque. vous dites : je connais un peu
Digne, il n'y a pas de ville au monde où la musique soit
moins cultivée. Tout cela est vrai, ou plutôt était vrai, il y

à dix ans; mais je n'en soutiens pas moins que la voix que nous entendions est magnifique, et qu'on la trouvera magnifique partout.

Cette voix était celle de Mme de C., jeune parisienne dont le mari faisait ici sa station d'avancement. Elle était venue partager son exil; car hors de Paris, tout est exil pour ceux qui y sont nés, ou qui long-temps y ont vécu, Mais l'exil allait finir dans quelques jours, et, comme le cygne, Mme de C. faisait ce soir-là ses adieux à Digne de sa plus belle voix.

Pauvres montagnes si hospitalières, ainsi donc on chante en vous quittant. Ces ingrats fonctionnaires ne vous regardent en général que comme un échelon pour monter plus haut!! Tous cependant ne font pas ainsi. Il en est qui, une fois le pays connu, ne veulent plus le quitter. Je conçois leur philosophie; je conçois aussi l'impatience des autres. Qu'y a-t-il de plus absurde, au fond, que cette machine administrative qui, d'un tour de roue, vous jette un homme à cent lieues de son pays?

Mme de C. chantait donc de grand cœur ce soir-là. Elle fit à elle seule tout le concert. Mais elle choisit ses morceaux avec tant de goût; elle déploya une telle puissance; sa voix avait une si grande étendue et une si grande pureté; il y avait tant d'âme à la fois et tant de méthode dans son chant, qu'on ne pouvait pas se lasser de l'entendre, et qu'il aurait été difficile, pour qui que ce fut, de se faire entendre après elle. Je dois cependant citer un ecclésiastique, M. l'abbé B. qui, avec une très-belle voix et un goût parfait, chanta quelques morceaux de musique religieuse qui firent le plus grand plaisir,

En écoutant ces deux talents, dont le premier surtout était si remarquable, au milieu d'une assemblée nombreuse, et où le meilleur ton régnait, en nous rappelant tout ce que nous avions vu et entendu, dans cette curieuse soirée, nous pouvions oublier la Province et nous croire à Paris. C'est qu'en effet, avec nos communications si rapides, avec les échanges continuels qu'elles amènent, et la fusion qui en est le résultat, la Province ne sera bientôt plus nulle part, pas même au fond des Alpes. La civilisation pourra répéter en un sens le mot de ce politique : *Il n'y a plus de Pyrénées.*

L. S....

P. S. Mon ami P. qui a fait la course de Moustiers avec nous, vient de raconter son voyage à sa femme. Je lui vole sa relation que je m'empresse de vous envoyer. C'est pour vous un double gain, Madame: vous aurez son récit qui est très-bien fait, et vous n'aurez pas le mien qui vous aurait peut-être ennuyée.

A Madame P.

Digne....

CHÈRE MARIE,

Avant-hier, je t'ai annoncé notre arrivée à Digne. Aujourd'hui, je voudrais te dire quelle charmante et noble hospitalité on reçoit ici. L'évêque de Digne que tu as connu à Paris, dont nous avons souvent parlé ensemble, et qui a bien gardé ton souvenir et celui de notre mère d'Ecouen, est toujours comme il nous avait apparu la première fois, au printemps de l'an dernier : tu n'as qu'à te rappeler l'élégante simplicité de ses formes, la suavité religieuse qui respire dans ses traits, et cette conversation grave et douce où se révèlent l'élévation de l'esprit et la modération du cœur. Plus on regarde au fond de l'âme de Mgr. SIBOUR, plus on y découvre des trésors de bonté, de charité, de dévouement ; et, dès qu'on a eu le bonheur de le connaître, son image ne s'efface plus du cœur.

Je t'ai promis, chère amie, de te parler du pays que je viens de traverser. Quelques lignes de récit ou de peinture te distrairont un peu au milieu du double ennui de ton veuvage et de tes préoccupations maternelles. Le département des Basses-Alpes était pour moi un pays inconnu. Après avoir passé les mers et promené ma vie d'Occident en Orient, j'ignorais la vie, les mœurs, la nature d'une contrée aux portes de ma patrie. J'avais du reste conservé toujours le désir de faire connaissance avec la terre Bas-Alpine. Les plaines m'ont toujours ennuyé comme la platitude et l'uniformité; et j'aime les montagnes comme j'aime le génie, la variété, les grandes choses, comme j'aime Dieu.

D'Aix à Riez, on compte une dixaine de lieues. Après deux heures de route, nous avons aperçu la Durance. C'est une terrible voyageuse que cette Durance: à force de ravager, elle s'est creusé un des plus vastes lits de fleuve qu'on puisse rencontrer dans le monde; quand elle vient à recevoir dans ses eaux les torrents nés des orages, elle est formidable à voir, et son passage est un fléau. Maintenant, en contemplant son courant d'eau si paisible et si harmonieux, je me demandais comment ce courant pouvait devenir tout à coup une immense désolation. Il en est de la Durance comme du peuple; lorsque l'effrayant courroux arrive, on s'étonne que cela puisse finir; lorsque le courant ordinaire est là dans sa tranquille régularité, on se demande comment cela peut se transformer en fureur, en tempête. En découvrant le village de Meyrargue, j'ai été frappé de l'aspect singulièrement féodal du château qui domine la pauvre bourgade. Plus loin, après avoir laissé derrière nous la petite ville de Peyrolles, nous commencions à jouir des montagnes alpines. Nous touchions aux limites de plusieurs diocèses; celui d'Aix a pour dernière paroisse Saint-Paul-des-Durances; ceux d'Avignon, de Gap et de Fréjus nous offraient ensemble leurs dernières terres. Une large échappée de plaine nous eût permis de découvrir au loin Manosque, si l'horizon n'avait pas été nuageux. A notre gauche, au bord de la Durance, une humble petite chapelle, bâtie sur une grande roche isolée, a attiré mon attention; il y a de la poésie dans cette chapelle séparée de la route, debout sur une roche sévère et suspendue au-dessus des eaux: la religion est là comme pour dire aussi aux flots de la rivière orageuse : vous n'irez pas plus loin. A quelque distance de ce lieu, un pont de fer, appelé le Pont de Mirabeau, unit les deux rives de la Durance ; le village de Mirabeau est derrière la montagne au Nord ; l'image du grand auteur de la révolution naissante nous apparaissait. Nous songions à Mirabeau qui, s'il eût vécu, eût empêché la chute de la monarchie et l'immolation lamentable du roi de France. Etrange marche que celle des choses humaines ! les uns meurent trop tard pour l'accomplissement du bien ; les autres meurent trop tôt pour le salut et l'honneur d'un grand peuple.

Nous avons laissé la Durance à gauche, derrière des hauteurs qui ont rapidement disparu, et nous avons cotoyé les rivages du Verdon, petite rivière dont les eaux sont d'une transparence verte. Ce vallon est charmant ; nulle teinte de l'automne ne l'avait touché ; une douce et riante paix l'habite. Au loin, sur le sommet d'une colline, Gréoux se montrait devant nous ; tu sais, ma chère amie, que Gréoux est connu par son établissement d'eaux thermales. On y accourt pour les maladies de peau ; les eaux de ce lieu ont à peu près la même propriété que les eaux d'Enghien. Le village n'est pas facile à atteindre ; il m'a paru fort laid. Mais l'établissement des Bains est magnifique. Nous avons dîné, mon ami S..... et moi, à l'établissement. Nous avons trouvé là mon jeune ami Gustave que tu connais, et le duc et la duchesse de Cadore que j'avais vus à Rome. De grands arbres, de charmantes prairies environnent la maison des Bains, bien autrement élégante, riche et vaste que la maison d'Enghien. Durant toute la journée, d'épais nuages nous avaient menacés, sans crever sur nos têtes. Il était six heures du soir quand nous sommes arrivés à Gréoux ; la pluie commençait à tomber. A peine étions-nous en train à dîner, que cette pluie devint un violent orage accompagné de tonnerres et d'éclairs. Nous avons su, depuis, que nous n'avions eu là que la plus bénigne part de l'orage ; plus avant dans le pays, sur la route de Riez à Digne , à la même heure, un vrai déluge d'une heure inondait les campagnes , dévastait les routes et enflait tous les torrents.

De Gréoux à Riez, on marche ordinairement trois heures; il faut que tu saches toutes mes aventures, chère Marie ; nous avons mis sept heures pour faire ce court trajet. Partis de Gréoux à sept heures du soir , nous ne sommes arrivés à Riez qu'à deux heures du matin. A trois quarts d'heure au-delà d'un village appelé Saint-Martin , nous avons été arrêtés par une rivière que , d'ordinaire, on traverse sans peine , et que la pluie et les torrents des montagnes avaient enflée prodigieusement. Cette rivière s'appelle Collostre , nous l'avons entendue mugir de loin. Nous sommes restés une heure dans la voiture, attendant la fuite ou du moins la diminution des eaux. A la fin , on a essayé de franchir la rivière ; les chevaux ont refusé de faire un pas; ils restaient immobiles sous les coups de fouet du postillon et du conducteur. Le bruit des flots les épouvantait ; ils en devinaient la profondeur. Pour accoutumer les chevaux au péril et pour mesurer la rivière , on en a détaché deux sur lesquels sont montés deux hommes ; les chevaux ont atteint l'autre rive , ayant de l'eau jusqu'à la bride. On nous a proposé le passage : je me suis élancé sur le dos d'un des coursiers, l'abbé S..... en a fait autant, et nous avons ainsi gagné le rivage opposé. C'était assez dramatique ; il était minuit ; le ciel était noir , et le romancier D'Arlincourt, s'il t'écrivait à ma place, chère amie . te broderait là-dessus un chapitre tout à fait *émouvant.* Trois quarts d'heure après, la rivière ayant beaucoup perdu de sa rapidité et de sa profondeur , les chevaux, excités par les cris et les coups de fouet , ont traîné la voiture vide. Nous n'étions pas au bout de nos peines. Le chemin qui devait nous conduire à Riez n'offrait plus que des amas

de gravier, des trous énormes, des rocs roulés par les torrents. Il nous a fallu nous traîner presque toujours à pied
jusqu'à la petite ville. Là, nous avons laissé la voiture pour-
suivre sa route vers Digne, nous avons demandé un lit; il
était près de trois heures du matin; j'étais fatigué, étourdi,
glacé par l'humidité des sables et la fraîcheur de la nuit.
J'ai tranquillement dormi jusqu'à huit heures. Voilà, chère
amie, la route jusqu'à Riez. Pour un voyageur comme moi,
ces aventures-là sont des tempêtes dans un verre d'eau.
Mais, comme à la rigueur, nous aurions pu nous noyer
dans le Collostre, cela valait bien la peine de t'être raconté.
Du reste, notre accident vaudra un pont sur cette rivière;
le conseil général était en ce moment assemblé à Digne; le
bruit de notre aventure nous y avait dévancés, et le Préfet
des Basses-Alpes, que j'ai vu plus tard, a donné des ordres
pour qu'on travaillât tout de suite au pont du Collostre qui
était seulement un projet depuis quelques années. « Si vous
aviez péri, me disait en riant le Préfet, chez l'Evêque de
Digne, la fortune du département était faite : nos mauvaises
routes eussent été aussitôt transformées en routes superbes. »
Dans ce pays-ci, comme en Italie et en Orient, le mauvais temps ne dure pas. La nuit avait été horrible, le lendemain nous offrit toutes les splendeurs d'un ciel bleu. L'abbé
S... m'avait beaucoup parlé du vallon de Moustiers; il tenait
à m'y conduire; je ne demandais pas mieux. Un notable du
pays voulut bien nous donner des chevaux et un guide. A dix
heures du matin nous étions en route. Moustiers est à deux
heures de Riez, du côté du Levant. Les plus charmants tableaux de la création sont presque toujours cachés; l'im-
prévu est dans les spectacles de la nature comme dans les
productions du génie. On est à deux pas du délicieux vallon
de Moustiers sans qu'on s'en doute. On a devant soi une

6

longue étendue de grands rochers pelés, sans soupçonner
qu'au pied de ces vastes masses sauvages, la nature a façonné
un des plus riants et des plus pittoresques asiles. Moustiers
nous apparaît tout à coup entouré d'une gracieuse verdure,
dominé par un rempart de rochers nus. Du côté du Nord,
le vallon s'enfuit avec de graves aspects où la végétation est
rare; du côté du Midi, il enchante l'œil par des variétés
verdoyantes. Cette première vue, du haut de l'extrémité du
plateau, est une surprise qui ravit l'imagination. A mesure
qu'on descend la pente rapide du vallon, des ravins, creusés
par les torrents orageux, laissent voir à leurs flancs des
bouleaux et des buissons d'aubépine. Un lit de torrent occupe le fond de ce vallon. Des prairies d'une suave nuance de
verdure et aussi étincelantes qu'au mois de mai, forment
comme la ceinture de Moustiers. Au Nord du bourg, tout
auprès, s'offre une des plus jolies collines que j'aie jamais
rencontrées dans mes voyages : c'est au pinceau et non pas
à la plume qu'il appartiendrait de reproduire la molle élégance de ses contours, la grâce exquise de ses mouvements,
l'ensemble harmonieux de ses lignes ; des milliers d'oliviers
sont échelonnés, depuis la base jusqu'au faîte de la colline,
comme des vases de fleurs sur un autel. Elle m'a rappelé
les côteaux qui environnent la Chartreuse de Pise. Moustiers
a éveillé dans ma pensée plus d'un souvenir d'Italie : en
montant au bourg, comme en montant à Tibur, on a, des
deux côtés du chemin, un ruisseau qui roule et murmure.
Les cascades de Moustiers font penser à celles d'Aquapen-
dente, à l'entrée des États Romains. Ces cascades, qui
prennent leur source au pied des grands rochers dont je te
parlerai tout à l'heure, roulent dans une suite d'abîmes au
fond desquels le regard ne plonge pas sans terreur. La veille
de notre arrivée, l'orage avait enflé les eaux, et les cascades
se précipitaient avec un mugissement immense ; j'ai regretté

que nous eussions ainsi manqué à ce spectacle. Un pont, à une seule arche, jeté sur l'abime, réunit les deux parties de Moustiers, coupé en deux par les cascades. Des maisonnettes sont suspendues au bord de ce long gouffre, et aucun malheur n'arrive. Le presbytère, où nous avons dîné, est au nombre de ces demeures; une petite terrasse, ornée d'une treille, d'une fontaine et de quelques vases de basilic, s'avance au-dessus de l'effrayante profondeur. J'enviais au bon et saint Curé de Moustiers le charme pittoresque et la paix de sa demeure, au bruit de ces eaux qui fuient d'une fuite éternelle, et qu'on entend toujours, toujours, toujours. La maison du prêtre me paraît bien placée de la sorte; l'aspect de l'abime et le bruit éternel des cascades donnent du sérieux à l'esprit, l'entretiennent dans des pensées austères, et l'élèvent jusqu'aux méditations de l'infini.

Arrivons aux rochers dont l'imposante hauteur écrase le pauvre petit bourg de Moustiers. Dans la direction des cascades et du bourg, les rochers sont séparés par un assez large intervalle qui laisse voir le ciel. Parfois des fragments se détachent de ces masses menaçantes; leur chute n'a jamais tué personne. Les habitants contemplent sans effroi les rocs prêts à tomber sur eux, les masses terribles qui pendent sur leurs têtes : Notre Dame de Beauvoir, dont nous visiterons bientôt l'ermitage, les protége : les croyances populaires ont mis la sécurité là où la nature avait mis le péril. Pourtant les gens de Moustiers ont voulu faire acte de prudence; un plafond en plâtre, placé dans un enfoncement du rocher, est destiné à avertir d'un ébranlement; mais un avertissement pareil pourrait bien être un peu tardif, ou plutôt bien inutile, car la chute suivrait de près l'ébranlement, et Moustiers serait frappé, avant que les habitants eussent pris le temps de se retirer. Que Dieu éloigne un tel danger! Il me reste à ajouter un dernier trait : les sommets des deux

rochers, séparés à la suite de je ne sais quelle antique révolution, se trouvent unis par une chaine de la grosseur du
doigt, plantée aux deux extrémités ; une étoile est suspendue
au milieu de la chaine. Posée à une époque inconnue, elle
fut, dit-on, un *ex voto* d'un chevalier de Rhodes. On la
croyait en or ou du moins en argent ; les démolisseurs et les
pillards de la République française, portant leur cupidité à
perte de vue, songèrent à tirer profit de la mystérieuse
chaine : ils la transportèrent au chef-lieu du département,
et quand les chercheurs de trésor se furent assurés que la
chaine n'était qu'en fer, ils consentirent à la rendre à sa des-
tination aérienne.

L'ermitage, ou plutôt l'église de Notre Dame de Beauvoir
est bâtie sur un avancement de rocher, au milieu de ces
hautes masses. On y monte par de larges degrés pavés en
gros cailloux ; ces degrés sont, dit-on, aussi nombreux que
les jours de l'année. Leurs longs détours varient ou agran-
dissent les tableaux, soit que vous regardiez les profondeurs
qui sont à vos pieds, soit que vous tourniez la tête vers le
charmant vallon. Notre Dame de Beauvoir, dont la fête se
célèbre au mois où nous sommes, était autrefois un but de
pélerinage très-fréquenté ; on y accourait de tous les points
de la Provence ; assez de fidèles s'y rendent encore. Quelques
gracieux cyprès sont plantés devant la porte de l'église ; l'intérieur du souterrain offre les caractères d'une fort ancienne
construction ; l'architecture du chœur est élégante. Plusieurs
ex voto sont suspendus aux murailles. J'ai reconnu dans la
sacristie une palme semblable à celles qui se distribuent à
Rome et à Jérusalem, le jour des Rameaux ; comme les pélerins de la Ville Sainte sont plus rares que les pélerins de
la Ville des Pontifes, je pense que cette branche de palmier
a été apportée là par un pieux voyageur de Rome. C'est
ainsi qu'au moyen-âge, les pélerins chrétiens déposaient, à

leur retour, la palme du Saint voyage sur l'autel de la paroisse. On nous a montré. tout auprès de l'église, une excavation destinée à servir de sépulture aux enfants morts sans baptême. Les mères de Moustiers ont trouvé dans leur cœur une inspiration religieuse qui est devenue une coutume touchante. Lorsqu'un enfant passe du berceau à la mort sans avoir reçu l'eau de la régénération, on le porte sur le seuil de l'église de Notre Dame; les mères croient que la vertu de la Vierge donne au petit mort assez de vie pour qu'on puisse lui conférer le baptême, et c'est ainsi qu'une tendre et pieuse illusion ouvre à l'enfant les portes du ciel. Derrière l'église, un bosquet d'alisiers qui croissent dans les rocs, forme un doux et paisible asile où la méditation semble se recueillir éternellement. Le surnom de Beauvoir est justement donné à l'ermitage de Notre Dame ; du haut de la terrasse de l'église qu'on dit aussi élevée que le dôme de Saint-Pierre à Rome (mais je ne le pense pas), le regard se porte à la fois avec ravissement sur le spectacle des rochers . des abîmes et du vallon de Moustiers. L'homme a peur de l'abîme, et pourtant l'abîme a je ne sais quel mystère qui l'attire. Des colombes planaient au-dessus du gouffre ; un moment, j'aurais voulu avoir leurs ailes. J'ai souvent rencontré des colombes dans les solitudes que la religion habite ; on dirait qu'elles arrivent là comme les messagères des prières humaines.

Moustiers, comme l'indique son nom, fut jadis un monastère; il n'en reste plus rien. L'étude et la contemplation avaient choisi pour demeure ce vallon et ces rochers ; une pieuse colonie de Lérins s'était mise en possession de ces solitudes. La plus curieuse image des vieux temps qu'on rencontre à Moustiers, c'est un clocher dont la durée date de sept ou huit siècles ; ce clocher , d'une assez petite élévation, est un modèle de simplicité élégante et légère ; c'est un

bijou devant lequel les archéologues ne manquent pas de
tressaillir. Lorsqu'on y sonnait les cloches, la tour tremblait,
dit-on, sous l'ébranlement et le bruit de l'airain sacré. Elle
a commencé à recevoir quelques atteintes du temps: des cre-
vasses se montrent sur un des côtés ; des fers arrêtent cet effet
d'une première secousse. Le vieux et charmant clocher de
Moustiers subsistera durant des siècles encore. Le génie des
monuments antiques, qui a fait si bonne garde autour de
lui, au milieu des révolutions et des ruines, continuera à le
défendre. Mais je ne veux pas entreprendre de demander à
l'histoire quelle place occupe Moustiers dans les souvenirs
du passé: mon ami, l'abbé S. s'est chargé de te l'apprendre ;
j'ai esquissé le paysage ; il y mettra les personnages dont
la mémoire appartient aux Annales de notre Provence , et
c'est ainsi, mon amie, que tu connaîtras le vallon de Moustiers comme tu connais ton cher Ecouen.

Il était six heures du soir , quand nous montâmes à cheval pour reprendre le chemin de Riez. Il faisait presque
nuit dans les profondeurs du vallon. A mesure que
nous gravissions les flancs du plateau, le jour achevait de
s'enfuir; une belle étoile qu'on eût prise pour une lampe
d'or suspendue au sommet du plateau, resplendissait devant
nous. Lorsque nous fûmes arrivés à la cime, l'horizon du
couchant, dont les bords conservaient de riches teintes
d'émeraude, se montrait dans une magnifique largeur. Du
côté du Septentrion, nous remarquions de longs nuages
noirs qui figuraient des boas se traînant au fond du ciel.
A trois quarts d'heure de Riez, auprès d'un village appelé
Roumoule, nous longions la rivière de Collostre qui coule
dans un vallon verdoyant. Du milieu de ce vallon, tout
enveloppé d'obscurité, s'échappaient de charmantes har-
monies : les clochettes des troupeaux, le murmure de la ri-

vière et le cri des grillons formaient un vague et doux concert que la nuit semblait écouter avec recueillement.

Je n'ai pas le temps de te parler de notre trajet de Riez
à Digne. Ce qu'on voit jusqu'à Stoublon et à Mezel n'a rien
de curieux. Mais le vallon de l'Asse a de beaux aspects, et
la situation de Digne, à l'extrémité du vallon de la Bléone,
entourée de montagnes dont les formes, les teintes et les
sommets sont merveilleusement ornés, présente un tableau
qui eût inspiré le génie de Salvator Rosa. L'abbé S. a fait
sur Digne de charmantes et intéressantes lettres que je te
porterai, et tu auras vu toute notre petite odyssée des
Alpes.

P........

FIN

Digne, Typographie de REPOS, Imprimeur-Libraire.

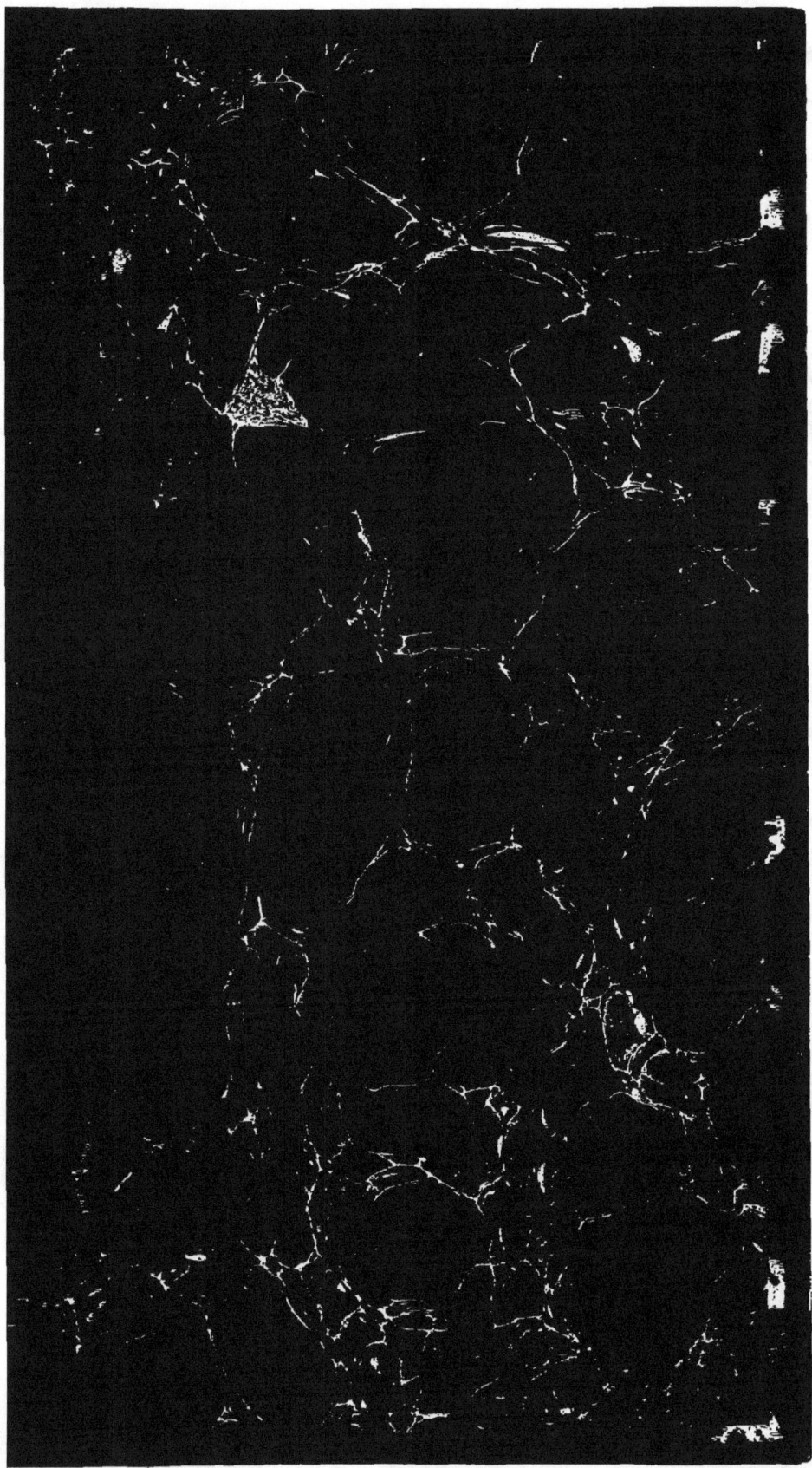